essência da
Oração

Ruth Burrows, OCD

essência da
Oração

TRADUÇÃO: BARBARA THEOTO LAMBERT

Edições Loyola

Título original:
Essence of prayer
© Ruth Burrows 2006
Burns & Oates
The Tower Building, 11 York Road
London SE1 7NX
ISBN 0 8601 2425 8

Preparação: Maurício Balthazar Leal
Capa: Walter Nabas
  Detalhe *A anunciação* (1438-1445), Fra Angelico
Diagramação: Flávia Dutra
Revisão: Iranildo Bezerra Lopes

Edições Loyola
Rua 1822, 347 – Ipiranga
04216-000 São Paulo, SP
T 55 11 2914 1922
F 55 11 2063 4275
editorial@loyola.com.br
vendas@loyola.com.br
www.loyola.com.br

Todos os direitos reservados. Nenhuma parte desta obra pode ser reproduzida ou transmitida por qualquer forma e/ou quaisquer meios (eletrônico ou mecânico, incluindo fotocópia e gravação) ou arquivada em qualquer sistema ou banco de dados sem permissão escrita da Editora.

ISBN 978-85-15-01825-3

© EDIÇÕES LOYOLA, São Paulo, Brasil, 2009

Sumário

Prefácio 7

capítulo um
Algumas reflexões sobre a oração 9

capítulo dois
Crescimento na oração 17

capítulo três
Fé, confiança, entrega a Deus: oração é isso 27

capítulo quatro
Oração que é Jesus 31

capítulo cinco
"Se conhecesses o dom de Deus..." 37

capítulo seis
Oração na Trindade 45

capítulo sete
Amém: a resposta humana a Deus 53

capítulo oito
Distrações na oração 65

capítulo nove
O caminho da perfeição 67

capítulo dez
Doutor da noite escura ... 73

capítulo onze
Santa Teresinha e o Menino Jesus ... 79

capítulo doze
Pensamentos sobre o doutorado de
Santa Teresinha do Menino Jesus ... 87

capítulo treze
Santa Isabel da Trindade ... 93

capítulo quatorze
Carmelo, um sonho do Espírito ... 99

capítulo quinze
Paixão constante ... 103

capítulo dezesseis
A sós exclusivamente com Ele: o entendimento criativo
que Santa Teresa tinha do eremitismo ... 117

capítulo dezessete
Oração carmelita ... 121

capítulo dezoito
Carmelo: um encontro perfeito com
a condição humana ... 125

capítulo dezenove
Vida consagrada ... 135

Agradecimentos (publicações originais) ... 143

Prefácio

Dizem que cada época tem os autores que merece. É óbvio que isso não é verdade. Como os elisabetanos mereceram Shakespeare, enquanto nós recebemos X e Y (nomes omitidos por compaixão)? O que condenou os vitorianos àqueles pesados tomos de exortação piedosa, lidos tão religiosamente, enquanto nós, em nosso século insensato, barulhento e destrutivo, somos abençoados com Ruth Burrows e sua clareza de estilo que enaltece a vida?

"Bênção" é a única descrição apropriada para um livro como o que agora temos nas mãos. É possível argumentar que todo livro espiritual é uma bênção: mesmo se nada de útil obtivermos dele, o simples desejo de nos aproximarmos de Deus, nossa busca por Ele, significa, como sempre, que "quem procura acha".

Mas ler Ruth Burrows não é ser tecnicamente abençoado. É receber na mente e no coração a inspiração de alguém que está perto de Deus e tem a rara capacidade de partilhar essa proximidade com os outros. Deus lhe deu grandes dons e ela se abriu para recebê-los. Ele lhe deu agudeza intelectual para que sua mente se mova com facilidade e certeza entre conceitos. Ele lhe deu graça literária para que o que ela escreve seja agradável de ler, espirituoso em sua expressão, persuasivo em seu estilo, às vezes poético, sempre convincente.

Ela nasceu com esses dons. Mas seu maior dom, de novo vindo puramente de Deus, é ter recebido Seu amor. Ruth Burrows entende, com excepcional sagacidade, que para nós "Deus" só pode significar Jesus: "Ninguém vai ao Pai senão por mim". Ela aceitou viver pelo que Jesus é, com tudo o que isso significa. Para ela pessoalmente, significa sofrimento. Somente o Senhor sustenta-lhe a fé: ela não tem nenhum retorno. Renovada confiança emocional é realmente um consolo, mas não é da essência, e a verdade disso ela tem vivido durante muitos anos áridos no Carmelo.

Sustentamos nossa fé pela leitura, pelos debates, por meio dos sacramentos, procurando sinceramente vivê-la: a fé é a base, e a única base, de nossa oração. Mas a vida de devoção e de prática que levamos depende só de Jesus e não de nós. Cada linha que Ruth Burrows escreve é testemunho disso.

À medida que lemos, a viabilidade de seu compromisso fica cada vez mais irresistível. A leitura não nos inspira a seguir seu exemplo? Mas "seu exemplo" não está tanto nela mesma quanto em ser um canal para permitir que o Espírito de Jesus se derrame através dela, e disso ela nos dá o maior exemplo de todos.

Irmã Wendy Beckett
Quidenham
Outubro de 2005

capítulo um
Algumas reflexões sobre a oração

Para começar com o pé direito

Oração. Para nós a palavra é natural, mas deveria ser assim? O que queremos dizer com oração? O que a palavra significa no contexto cristão? Quando falamos em oração, quase sempre pensamos em alguma coisa que *nós* fazemos, e dessa perspectiva multiplicam-se as perguntas, os problemas, a confusão, o desânimo, as ilusões. Para mim, é de fundamental importância corrigir esse modo de ver. Nosso conhecimento cristão nos assegura que a oração é essencialmente o que *Deus* faz, como Deus dirige-se a nós, olha para nós. Não é primordialmente uma coisa que fazemos para Deus, uma coisa que damos a Deus, mas o que Deus faz por nós. E o que Deus faz por nós é nos dar sua Pessoa divina no amor.

Deus — amor total, dádiva total

Para ficarmos na atmosfera clara e pura da verdade, toda conversa a respeito da oração precisa começar com a reflexão na crença firme sobre o que Jesus nos revela de Deus. Vamos avançar direto para o âmago da questão. Qual é a mensagem básica, a mensagem central da revelação de Jesus? Com certeza é o amor incondicional de Deus por nós, por todos nós: Deus, o Mistério inefável, incompreensível, a Realidade de toda realidade, a Vida de toda vida. E isso significa que o Amor divino deseja comunicar-nos sua Santa Pessoa. Nada menos! Aí estão o desejo e o propósito irrevogáveis de Deus; é a razão pela qual tudo que é é, e pela qual cada um de nós existe. Estamos aqui para receber esse Amor inefável, que tudo transforma, que tudo beatifica. Os cristãos bem instruídos têm noção disso, mas, que pena!, poucos o conhecem realmente. E aqui preciso acrescentar um importante lembrete: conhecê-lo "realmente" não significa "sensivelmente". Conhecer realmente — ou realmente conhecer — significa viver esse conhecimento, praticá-lo. Significa que nosso jeito de ver as coisas, nossas atitudes, nossas ações originam-se desse conhecimento. A respeito desse conhecimento real, usamos a palavra fé. Isso deve nos dar uma pausa e nos fazer tomar cuidado com afirmações de fé. "Naturalmente, tenho fé!" Sentimo-nos bastante indignados se alguém subentende o contrário! Minha experiência me diz que a fé verdadeira é rara e é melhor reconhecermos isso, para que possamos realmente nos esforçar para crer.

Deus — ou ego?

Portanto, baseando-nos no que Jesus nos revela de Deus (e nós cristãos temos somente um mestre, Jesus Cristo, que é nosso Caminho), precisamos perceber que o que temos a fazer é nos deixar ser amados, estar ali para o Amor nos amar. Não é uma questão de encontrarmos algum jeito de entrar em contato com Deus, de fazer Deus real para nós, de conseguir uma chave secreta com a qual abrir a porta mística. Nem é essa fé em Jesus, nosso Caminho, compatível com acepções angustiadas como "não consigo rezar", ou "minha oração é inútil", ou "nunca tive alguém que me ensinasse a rezar, por isso não rezo". Quando nos vemos insatisfeitos ou ansiosos a respeito de nossa oração, vale a pena perguntar a nós mesmos: "O que *realmente* eu quero?", e tentar dar atenção sincera à resposta. Podemos ter razoável certeza de que será algum tipo de satisfação do ego. Talvez eu queira sentir que estou progredindo, que minha oração está "funcionando" ou que entendo das coisas espirituais. Talvez eu queira sentir que estou tendo retorno por meus esforços! A verdadeira oração significa querer DEUS, não o ego. É bom deixar de lado esse impulso do ego. Essa é a "vida" que precisamos perder, é esse o "egoísmo" que precisamos abandonar para termos a verdadeira vida e nos tornarmos aquela pessoa que Deus quer que sejamos, que só Deus conhece e, em última análise, só Deus cria. Temos de reconhecer que grande parte do que parece ser interesse e anseio pela oração é uma forma sutil de egoísmo. Dedicarmo-nos seriamente à oração é reconhecer isso e enfrentar com coragem a escolha apresentada: vamos pôr de lado nosso egoísmo, permitir que o amor de Deus purifique-o cada vez mais, seja qual for o custo, ou vamos disfarçá-lo, dar-lhe outros nomes mais espirituais e procurar pretensos guias espirituais que nos ofereçam técnicas que satisfaçam o ego, com a promessa de uma "experiência". Talvez desistamos completamente do projeto de oração com a reflexão de que, afinal de contas, o que importa é viver e amar e servir ao próximo. Outra forma muito popular de evasão é simplesmente continuar a se preocupar e a fazer perguntas intermináveis a respeito da oração com o objetivo ilusório de um belo dia aprendermos "a fazê-lo". A coisa a fazer é, naturalmente, começar a rezar! Isso responderá a nossas perguntas.

Saia do barco; caminhe sobre as águas com Jesus

Vamos supor que queremos Deus, ou ao menos queremos querer Deus, embora saibamos que somos inseguros e fracos. "Senhor, se és tu mesmo, manda-me ir ao teu encontro sobre as águas" (Mt 14,28). *É* o Senhor e ele diz: "Vem!". Por isso podemos entrar com confiança no Mistério que é Deus, confiando unicamente em Jesus e de modo algum em nós mesmos. Entrar na oração real, oração que nos abre para a dimensão mística, é, em certo sentido, entrar em um elemento estranho. Pelo menos é experimentado como tal; mas, se formos fiéis, descobriremos que ela é, de fato, nosso verdadeiro lar. Mas temos de estar dispostos a renunciar a nosso critério do que a oração é e do que significa o crescimento no Espírito. Há todo tipo de maneiras de rezar e há livros em abundância para nos orientar sobre elas; contudo, no fundo, essas maneiras nos mantêm no barco. O barco pode balançar um pouco e ser desconfortável às vezes, mas pelo menos com nosso método para nos guiar podemos manejá-lo e ter algum controle. A oração real renuncia aos controles, ou, na verdade, deixa-os ir quando eles são arrebatados de nós, e experimentamos isso com bastante frequência, a ponto de perdermos o equilíbrio em uma tempestade. Oh, céus! Muitos de nós consideramos isso uma ocorrência infeliz que não deve nunca se repetir, e por isso readaptamos nosso barco e melhoramos nossas habilidades de navegação para garantir que temos novamente o controle.

Métodos não são oração

Na prática, o que significa dizer que precisamos estar ali para Deus e deixar Deus controlar nossa oração, deixar Deus agir? Significa permanecermos inertes, completamente passivos? Não, decididamente não! O essencial que temos a fazer é *crer* no envolvente, acalentador e transformador Amor de Deus que é *a* Realidade: a Realidade que está absolutamente, totalmente ali, quer recorramos a Ela, quer não. De nossa parte, a oração é decisão deliberada de a Ela recorrer, a Ela responder, da maneira mais completa possível. Para fazer isso, precisamos destinar algum tempo para nos dedicarmos exclusivamente ao "Sim" da fé.

> Deus de bondade, doa-Te a mim; pois Tu me bastas e eu nada peço que seja menos que uma total adoração a Ti; e se eu pedir qualquer coisa que seja menos nunca me queiras — mas só em Ti tenho tudo (Juliana de Norwich, *Revelações do amor divino*, cap. 5).

Se estivermos convencidos de que o centro da oração é essa decisão básica de permanecermos abertos ao influxo do amor divino, então entenderemos que podemos escolher qualquer método que preferirmos para nos ajudar a manter esse desejo básico e essa intenção. Nossas dificuldades e angústias surgem de nossa suposição instintiva de que o método é a oração, e assim de avaliarmos a autenticidade e o sucesso da oração pelo resultado do método.

O segredo de Deus

Precisamos lembrar que a oração tem lugar no nível mais profundo de nossa pessoa e foge à nossa percepção; portanto, não podemos julgá-la. Ela é território sagrado de Deus e não podemos usurpá-la. Temos de confiá-la totalmente a Deus. Essa é uma das principais maneiras de renunciarmos ao controle e "caminharmos sobre a água". Precisamos estar dispostos a crer que "o nada" é a presença da Realidade divina; o vazio é uma lacuna sagrada que o Amor Divino preenche. Lembre-se, entregamo-nos inteiramente a Jesus, a seu "Vem!". Precisamos desistir de querer certezas, quer interiores, quer exteriores. Como se vê, não podemos ter as duas coisas!

Oração *versus* sucesso

Em palavras simples, é inevitável que a exposição confiante ao Amor divino signifique resistir à tentação de fazer da oração "um sucesso". Poderíamos, por exemplo (dependendo de nosso temperamento), repetir um mantra com tal concentração que não divagássemos ou, talvez, entrar em um estado hipnótico, indeciso, ou mesmo alcançar algum tipo de "experiência". Mas experiência de quê? Poderíamos nos entregar a reflexões fascinantes acerca de uma passagem da Bíblia, nossos pensamentos tão controlados, tão elevados que não divagássemos. Isso não é oração. Aqui, tocamos no que é, na prática, uma questão espinhosa. Repetir um mantra (isto é, uma breve oração) é um meio excelente para nos ajudar a nos concentrarmos em receber o amor de Deus. Assim também a reflexão em um texto da Escritura. Muitos de nós com certeza precisamos de alguma ajuda para nos mantermos ali. Mas precisamos aprender a distinguir a utilização de uma ajuda da substituição da oração pela ajuda. Manter exposta a parte mais profunda de nosso coração, recusar-nos a usurpar o lugar de Deus tornando-nos o agente, o doador, significa que, quase sempre, não temos consciência de ter rezado bem ou de ter, de algum modo, rezado. Estou convencida de que, quando somos sinceros em nosso desejo de Deus e estamos dispostos a pagar o preço, podemos escutar intimamente nosso coração e saber que isso é certo e continuar tranquilamente em confiança. Muitas vezes os que passaram a entender a oração real me dizem: "Como é diferente do que eu pensava e do que as pessoas em geral pensam que é!" Jesus, revelação de Deus, virou de cabeça para baixo nossas expectativas meramente humanas, mundanas. Aprender a verdadeira oração significa aprender a morrer no sentido que Jesus queria dizer com isso: morrer para o egoísmo, a autodeterminação e a autorrealização e deixar Deus nos recriar em amor de uma forma que só Deus pode fazer.

União

Dedicarmo-nos a essa oração cheia de fé, revelada e abnegada assegura que o Amor divino opere em nós a obra abençoada da união. Um conhecimento profundo e obscuro de Deus será infundido em nós e com ele uma paixão de amor. Por si só, isso nada tem a ver com sentimento, mas significa que Deus realmente se torna a paixão de nossa vida; que, com toda a sinceridade, vivemos para Deus e obedecemos à nossa vocação de existir para o louvor da sua glória (cf. Ef 1,6). O influxo de Deus em nossas profundezas secretas precisa, por sua própria natureza, permanecer secreto, como João da Cruz incansavelmente insiste: "[...] acontece secretamente na escuridão, oculto das faculdades [...] tão oculto que a alma não consegue falar dele". Mas seu efeito em nossa vida será marcante, e talvez a palavra genérica aqui seja *abnegação*. Os frutos do Espírito Santo são abundantes no coração altruísta.

Fé que se nutre na Palavra

Para perseverarmos na crença constante, precisamos de fortalecimento. A Palavra é a fonte normal de fortalecimento, e a Palavra acima de todas as outras é a Palavra-Jesus: o que ele fez, como ele era, o que ele disse. Aqui — e nas cartas de Paulo e de outros — é onde aprendemos como Deus, a inefável Beleza e Amor a que nos entregamos, é realmente. Não é fácil entender a Escritura; temos de nos aproximar dela com fé e temos de trabalhar para que ela revele seu sentido. Existem, claro, livros excelentes de perfeita erudição para nos ajudar em nosso entendimento, se tivermos o tempo, a capacidade e a oportunidade de nos utilizar deles. Mas uma rica fonte de teologia e oração ao alcance de todos nós é o Missal. Ali encontramos a mais autêntica teologia, teologia que é rezada, que *é* oração. Se assimilássemos o conteúdo do Missal, não precisaríamos de mais nada. Estude as quatro orações eucarísticas, os prefácios do começo ao fim dos tempos anuais e a grande doxologia "Glória a Deus nas alturas". Examine com atenção as Coletas, em especial a tão facilmente negligenciada "Oração sobre as oferendas". Depois, naturalmente, há as leituras diárias do Antigo e do Novo Testamentos, com versículos dos salmos: uma profusão de teologia rezada, o mais autêntico entendimento da Igreja, que consiste em tesouros antigos e novos.

A missa: a oração que é Jesus

Outra grande vantagem desse estudo do Missal é aprofundar nossa compreensão da missa, o ato central de nosso culto. A missa é a oração suprema, pois é o sacramento da oração perfeita de Jesus, a de seu próprio ser, quando, em amor ardente, ele se entregou a seu Pai, em sua morte na cruz. Expresso neste sacramento está tudo o que queremos dizer com oração mística. É nossa preciosa herança católica perceber que a essência do culto e da oração precisa estar sempre com a comunicação que Deus nos faz de si mesmo e que nossa parte é mera resposta. Nós que conhecemos Jesus não dependemos de nossas orações, nossos meios de entrar em contato com Deus, de agradá-lo, expiar nossos pecados etc. Sabemos que tudo isso nos foi dado em Jesus. Temos de ir proclamá-lo. A fonte ali está para nós, transbordante, e tudo que temos a fazer é beber. Nas orações da missa observamos como continuamente nós, por assim dizer, "nos misturamos" a Jesus, imergimos no que ele faz. Nossa oferenda de nós mesmos deve unir-se à oferenda perfeita de Jesus. Também nós vamos nos tornar a oferenda perfeita que o Pai aceita amorosamente, oferenda que é antes de mais nada a dádiva de si mesmo que Deus nos faz. Ó troca maravilhosa!

capítulo dois
Crescimento na oração

Assim que falamos ou escrevemos a respeito de oração e crescimento na oração, passamos a enfrentar dificuldades enormes. Falamos e escrevemos não apenas a respeito da coisa mais profunda da vida humana, mas a respeito de sua essência, a respeito do mistério do próprio Deus. Ousamos empregar termos como "intimidade" e "amizade", pois não há dúvida, para o fiel, que é para isso que somos chamados. Encontramos um sopro disso nas primeiras páginas do Gênesis, onde se insinua que Deus costumava caminhar com suas criaturas, o homem e a mulher, pelo jardim, na fresca do dia. Embora o pecado tenha rompido esse estado abençoado, ainda assim, em todas as páginas do Antigo Testamento, com sua história dos seres humanos como eles realmente são — pecadores, cegos, obstinados, de coração empedernido —, brilham estrelas, "amigos de Deus" que, até certo ponto, alcançaram, ou receberam, intimidade com o mistério admirável. Essa intimidade ainda é possível. Mesmo em meio a um povo perverso e corrupto: "Henoc andou com Deus, depois desapareceu: Deus o levou" (Gn 5,24). É sugerido que ali estava alguém para quem Deus significava tanto que ele foi engolfado por Deus. Henoc desapareceu; só Deus resplandeceu. Nessa sugestiva frase da Escritura temos um resumo de santidade, da perfeição de uma vida humana.

Moisés falou com Deus face a face e por meio dessa terrível revelação foi transformado de tal maneira que se tornou "Deus" para todo o povo, um povo por demais carnal e egocêntrico para querer o próprio Deus. Eles não estavam preparados para pagar o preço.

> [...] ouvimos a sua voz do meio do fogo. Averiguamos, hoje, que Deus pode falar com o homem, e este permanecer com vida. Então, por que haveríamos de morrer? Pois este grande fogo poderia nos devorar. Se ainda ouvíssemos a voz de Javé, nosso Deus, pereceríamos. Pois quem, de toda a carne, ouviu a voz do Deus vivo, falando do meio do fogo, e permaneceu com vida? Aproxima-te, por

conseguinte, e ouve tudo o que te disser Javé, nosso Deus, e nos repetirás tudo quanto Javé te disser: nós o ouviremos e obedeceremos (Dt 5,24-27).

Esse é um autêntico clamor humano. Se usamos a expressão "amizade com Deus", então precisamos saber o que fazemos, precisamos falar com a máxima seriedade e com profunda reverência. Não há lugar para frivolidade nem leviandade. O que isso significava para Henoc? O que significava para Moisés? E, perguntamos, o que significava para Jesus ser amigo de Deus, estar naquela temível montanha isolada, exposto a não sabemos o quê? E, contudo, a intimidade com Deus é a feliz realização de todos nós. É para isso que fomos feitos e por isso ansiamos incessantemente. É isso que procuramos cegamente alcançar em nossa busca humana por amizade e intimidade. Mas, enquanto até a amizade humana mais preciosa, mesmo a que transforma verdadeiramente dois em uma só carne, só faz parte de uma existência e uma vida, nosso relacionamento com Deus é nosso legítimo sentido como seres humanos. A criatura humana é, por definição, uma relação com Deus. Tornamo-nos humanos, tornamo-nos o que fomos destinados a ser, na medida em que, como Henoc nos tempos antigos, perdemo-nos para nós mesmos e somos elevados para ele. A oração, de nossa parte, é afirmação consciente dessa verdade: verdadeiro desejo e verdadeira disposição para que ela se realize.

Como alcançamos essa intimidade com Deus? Ou melhor, como entramos na intimidade oferecida? Precisamos saber que não é necessário nenhum galanteio. Não temos de encontrar meios de atrair o parceiro divino, de fazê-lo reparar em nós. Eis alguém que é o próprio amor, a verdadeira fonte de nossa existência, envolvendo-nos, convidando-nos a recebê-lo, atraindo-nos a seu coração. Todas essas expressões humanas são totalmente inadequadas. A Escritura e os autores místicos usam as diversas formas de amor e amizade humanas — pai–filho, marido–mulher, irmão–amigo — para nos dizer alguma coisa da realidade do amor e do desejo de Deus por nós. Cada uma delas é inadequada. Juntas, todas são inadequadas. Não é fácil falar apropriadamente de um relacionamento humano profundo: é muito mais difícil quando um dos parceiros é Deus. E mesmo se alguém conseguisse, por meio de experiência profunda e pensamento e esforço intensos, fazer o que parece ser a avaliação mais rigorosa possível da verdade, seu entendimento depende do coração do receptor. Para ser reconhecida, a verdade precisa repercutir naquele que a ouve. Em outras palavras: o coração precisa escutar realmente, querer realmente a verdade, querer realmente Deus. A dificuldade é que não o queremos. Queremos nossa versão dele, uma que podemos, por assim dizer, levar no bolso, do jeito que algumas pessoas supersticiosas carregam um amuleto. Podemos ter intermináveis conversas afetuosas com este Deus, sentir que temos um entendimento íntimo com ele, podemos lhe contar nossas tribulações, pedir-lhe aprovação e admiração, consultá-lo sobre nossos negócios e decisões e obter a resposta que queremos, e este nosso Deus não tem quase nada a ver com Deus!

Muitos de nós achamos quase impossível não pensar na oração como atividade especial na vida: arte que se ensina ou aprende mais ou menos como aprendemos a tocar um instrumento musical. Por causa disso, alguns de nós apressamo-nos a sentir que somos proficientes, outros que estamos em dolorosa desvantagem, perdemos algum segredo ou temos em nossa natureza alguma falta que torna a oração difícil, se não impossível para nós. Sentimos que há certas leis que governam a oração e técnicas a ser aprendidas, e quando as dominarmos poderemos rezar. Assim, inclinamo-nos a procurar o guru, aquele que domina a arte e suas técnicas, e impacientemente esperamos ser ensinados. Quando pegamos um livro ou artigo que trata da oração, percebemos, se paramos para pensar, que procuramos a chave, a fórmula mágica que vai endireitar a oração, possibilitar-nos "obter êxito" nesta misteriosa atividade chamada oração. Percebemos, talvez, que outros não encontram dificuldade nela, mas de algum modo ela não funciona para nós e ansiosamente procuramos aqui e acolá alguém que nos revele o segredo. Tudo isso é prova suficiente de que menosprezamos o fato fundamental: a oração não é uma técnica, mas um relacionamento. Não há nenhuma desvantagem, nenhum obstáculo, nenhum problema. O único problema é não querermos Deus. Queremos uma "vida espiritual", queremos "oração", mas não queremos Deus. Tudo que alguém pode fazer por nós, que um guru pode nos ensinar, é manter os olhos em Jesus, amigo perfeito e incondicional de Deus.

Se examinarmos os evangelhos, veremos que Jesus nunca fala de nós como sendo amigos de Deus. Ele nos ensina a chamá-lo de Pai. Amigo subentende igualdade de posição; "discípulo" ou "filho" subentende dependência total e obediência absoluta. Quando Jesus nos concedeu seu privilégio de chamar Deus de *Abbá*, essa palavra com certeza transmitiu tudo que entendemos do amor paternal/maternal, inquebrantável, totalmente confiável, terno, compassivo e infinitamente envolvido de Deus. Dele precisamos estar intimamente seguros. Mas igualmente precisamos nos lembrar do que o relacionamento pai-filho era na cultura judaica do tempo de Jesus. Podemos até dizer que o filho era considerado sem vida ou mesmo sem existência própria. Ele devia absolutamente tudo ao pai. Podemos até dizer que o filho era um "objeto" do pai, devendo-lhe obediência total e incondicional. Quando Jesus nos diz que precisamos chamar Deus de *Abbá* e viver como seus filhos, ele exige de nós essa descentralização e esse *"ek-stasy"*, essa projeção de nós mesmos, a fim de transferirmos para o Pai nossa existência, nosso significado, nossa importância, nosso peso. É um chamado ao mais radical desprendimento.

Por outro lado, Jesus nos concede o título de "amigo", seu amigo, porque nos abrimos para sua revelação do Pai e a recebemos, confiando-lhe nossas vidas, obedecendo a ele como Jesus fez. Tornar-se amigo de Jesus significa identificar-se com sua vida pelo Pai. Só isso é oração; só isso é intimidade com Deus. Sua feliz realização permanece tão oculta de nossa visão e de nossa experiência como o era para Jesus em sua vida terrena. Tudo o que nos interessa aqui e agora é o que interessava a Jesus: que Deus deve ter exatamente o que ele quer. Jesus tornou-se nosso Caminho, nossa Verdade e nossa Vida porque ele se recusou a ter um caminho próprio, uma verdade ou realidade própria, mas quis somente o que era do Pai. Ele recusou-se a viver de sua própria fonte, mas quis viver somente do Pai. É o que temos a fazer; é como precisamos viver.

Jesus está sempre conosco, não para acolher nossas cabeças cansadas em seu seio e sussurrar continuamente palavras de consolo em nossos ouvidos, mas para partilhar conosco sua percepção, sua ardente dedicação à vontade do Pai. Ele está conosco a fim de nos animar, fortalecer e sustentar para a grande tarefa de nossa vida. Realmente, ele nos tira dos ombros o jugo esmagador de um senhor estranho, o deus que moldamos à nossa semelhança, e nos revela a verdadeira face do Pai. Ele corta os grilhões de escravidão que nós mesmos fabricamos e nos liberta. Assim, seu companheirismo nos dá descanso e verdadeira felicidade. Contudo, resta um jugo e um fardo que tem de ser carregado com coragem e amor. O conhecimento vivificante e alegre de Jesus e do Pai que ele revela não cai do céu em nosso colo. Temos de nos esforçar para consegui-lo. "Vinde a mim", diz Jesus, e precisamos ir a ele. E o jeito melhor de ir a ele é pela absorção da Escritura, em especial do Novo Testamento. Dito simplesmente: devemos nos empenhar para adquirir um conhecimento intelectual dele, de suas atitudes, de seus valores e ensinamentos. Esse conhecimento intelectual com certeza não é intimidade, com certeza não é "conhecimento de Jesus", mas é ingrediente indispensável para a intimidade e o conhecimento verdadeiro. É trabalho que temos de fazer, uma expressão prática de nosso desejo ardente de conhecer nosso Senhor. Além disso, ele fornece, por assim dizer, a matéria na qual o espírito pode ser infundido. Ou, em palavras despretensiosas: reunimos laboriosamente os feixes para construir a fogueira que só Deus pode acender. Mas ela tem de estar ali para ele acender. E precisamos perceber que não é o caso de termos de trabalhar sozinhos até a fogueira estar de bom tamanho e tudo bem seco, e aí ter esperança de que Deus a acenda. Não, nunca trabalhamos sozinhos. Quando o buscamos nas Escrituras, já o encontramos. Ele está conosco em um nível que não compreendemos e não podemos compreender, tocando-nos no mais íntimo de nosso ser e operando dentro de nós, infundindo luz, inflamando a vontade. De vez em quando temos consciência de luzes e de um despertar do desejo, mas é total insensatez concluir que, se não sentimos essas coisas, "não aconteceu", ou "não estou chegando a lugar algum". Isso poderia acontecer se estivéssemos empenhados em estudos seculares, ou mesmo na Sagrada Escritura de um modo secular, mas com certeza não acontece quando escutamos a Palavra de Deus, seja em nossa reflexão particular, seja na forma comunitária de ouvir a liturgia. Estamos empenhados em uma ação sacramental. Alguma coisa está acontecendo exatamente como acontece na Eucaristia e em outros sacramentos. Mas, como no caso deles, nosso papel é essencial. Precisamos levar a essa ação nossos elementos. "Procurai e *achareis*", Jesus nos assegura solenemente. Nossa busca na Escritura precisa ser como a da noiva no Cântico dos Cânticos: toda feita de sentimento, nunca um esforço meramente intelectual. Nosso coração precisa infundir em nossa mente confiança, desejo e resolução. Nosso coração precisa estar em nossos olhos quando lemos e em nossos ouvidos quando ouvimos. Com toda a certeza nós o acharemos.

Essa busca pelo amado na Palavra revelada significa que nossos períodos de oração silenciosa têm conteúdo. Temos fortes motivos para perseverar. Temos um conhecimento crescente embora obscuro do Pai diante de quem nos apresentamos com confiança. Nós o reconhecemos quando ele vem a nós em nossa vida cotidiana e, com profundidade e clareza sempre crescentes, rapidamente discernimos suas exigências. Temos sua percepção pela qual interpretar a revelação da criação material e da história humana.

Jesus nos atrai a si não para si mesmo, mas para nos levar ao Pai. O Pai pediu-lhe que fosse nosso amigo. Confiou-nos a ele como um bem querido e Jesus nos considera mais preciosos que o mundo todo e que sua própria vida. Jesus era insignificante para si mesmo. Só somos seus amigos de verdade quando lhe permitimos partilhar seu Pai conosco. A amizade com ele acarreta necessariamente absoluta lealdade dos dois lados. Ele prontamente, devotadamente sacrifica a vida pelos amigos. Por outro lado, os amigos nunca o decepcionam. Ficam a seu lado em todas as tribulações, nunca o abandonam, aconteça o que acontecer. Levantam-se diante dos "homens" e o confessam, jamais permitindo que as opiniões, os modos, o escárnio e as perseguições dos "homens" os levem a trair ou negar o amigo. E quando somos seus amigos podemos nos aproximar do Pai com confiança.

Jesus ensina seus amigos a fazer uma oração que glorifica tudo o que ele quer lhes ensinar, tudo o que ele lhes pede. É dirigida a *Abbá*. Devemos dizer: "Pai nosso". Sabemos que ele é Pai, não porque temos provas, nem porque, no decorrer da vida, descobrimos uma solicitude paternal, ou porque não raro sentimos uma calorosa presença afetuosa, ou porque o vemos satisfazer nossos pequenos desejos. Não, nós não o confessamos como Pai por nenhuma dessas razões, mas simplesmente porque Jesus o garante. Como acontece com o próprio Jesus, tudo pode parecer contrário ao que normalmente queremos dizer com amor e solicitude paterna. Ao arriscar tudo na garantia de Jesus e tentar viver sempre na fé de que Deus é Pai, aprendemos o que ele é: ele é nosso chão e nosso ar, nossa abrangência e a fonte do que somos e fazemos. Se refletirmos cuidadosamente, descobriremos que pegamos a nós mesmos em atitudes, palavras, ações, dúvidas, temores, escrúpulos que desvirtuam nossa crença nocional. Aliás, na verdade, se não na crença professada, presumimos que é difícil nos aproximarmos dele, que ele não se preocupa conosco e tem de ser convencido a ficar do nosso lado.

Há pouco tempo, um amigo me contou de uma garotinha que tinha medo quando acordava sozinha à noite e com frequência perturbava os pais, indo até eles.

— Mas você não está sozinha — a mãe lhe assegurava. — Jesus está com você.

— Eu sei — a filha retrucava. — Mas eu quero alguém vestido de pele.

Essa declaração realista e sincera faz eco a nosso anseio. Achamos muito difícil viver somente pela fé, como costumamos dizer. Também nós queremos alguém "vestido de pele". O perigo é que tentamos vestir pele. Coisas enganosas são muitas vezes ditas e escritas quanto ao desenvolvimento da oração, e é provável que as efusões dos místicos tenham sido quase sempre mal interpretadas. Com certeza assimilamos a ideia de que mais cedo ou mais tarde perceberemos a presença e o amor de Deus quase como se fosse no mesmo nível e no mesmo modo de percepção que o amor humano. Isso é esquecer que nosso *Abbá* está "no céu". Essas são as palavras de Jesus. Embora seja *Abbá*, ele é outro mistério completamente transcendente. Entre ele e nós há um abismo intransponível que nunca poderíamos atravessar. Ele próprio lançou a ponte: seu Jesus. Só porque ele fez isso podemos conhecê-lo e conhecer a verdade emocionante de que ele nos chama à intimidade. Devemos sempre nos aproximar dele com temor religioso. "Ó vinde, adoremos e reverenciemos, ajoelhemos diante do Senhor, nosso criador!" Todo o nosso ser precisa se curvar em adoração o dia inteiro. E precisamos renunciar ao desejo de ter um Deus que possamos manipular. Somos como os hóspedes de um balneário que preferem a piscina feita por mãos humanas com sua temperatura agradável, sua segurança e suas amenidades. Afinal de contas, é água do mar! E um pouco mais adiante está o mar aberto, sem entraves, indomável, sobre o qual não temos nenhum controle. Mas é a esse mar que precisamos nos entregar e deixar que ele nos arrebate. É aterrador, esse imenso mar que é Deus. O que ele fará conosco? Aonde nos levará? Ele é *Abbá*, diz Jesus. Nada temas, confia nele.

A fé não é coisa da mente, não é certeza intelectual, nem convicção sentida pelo coração. É decisão constante de levar Deus completamente a sério como o Deus de minha vida. É viver cada hora em uma afirmação prática e concreta de que Deus é Pai e está "no céu". É decisão de mudar o centro de nossas vidas de nós mesmos para ele, de abrir mão do interesse pessoal e cuidar de seus interesses, sendo sua vontade nossa única preocupação. É isso que significa santificar seu nome como Pai que está no céu. Muitas vezes parece que só agimos "fazendo de conta", pois nossos corações são tão insensíveis que talvez até zombem de nós: "Onde está seu Deus?". É essa representação "fazendo de conta" que é a verdadeira fé. Tudo o que importa para a fé é que Deus tenha o que ele quer, e sabemos que o que ele quer é sempre nossa felicidade. Seus propósitos são postos em prática, sua vontade nos é transmitida da forma mais humilde, tão humilde quanto o pão nosso de cada dia.

Talvez não seja muito difícil perceber a providência divina em certas áreas de nossa vida, mas é provável que uma hora se suceda a outra, cheias de pequenos eventos, decisões e escolhas que parecem, de fato, estar separados dele. Nesse caso, nós o negamos como *Abbá*. Não lhe permitimos reinar sobre nós totalmente. Podemos até nos desculpar, na ilusão de que, em nosso caso, as condições indispensáveis para o amor total não estão presentes. "Seria diferente se tais e tais coisas fossem diferentes. Nossa situação é confusa demais e preocupante". A verdade é devastadoramente simples e somos tentados a nos esquivar da dura e assoberbante realidade de que Deus se doa a nós nos acontecimentos normais e mundanos de nossa vida normal e mundana. É onde ele está para nós: aqui, e não em algum outro lugar. Aqui, precisamente aqui, precisamos santificar seu nome. Nada nos falta. "Em verdes pastagens ele faz que eu repouse! Ele me conduz para as águas do repouso." Não cabe a nós julgar se elas são na verdade verdes e nos fortalecem. Se ele nos põe ali, embora elas nos pareçam secas e pedregosas, lugar de luta em vez de repouso, elas são as pastagens de que precisamos e nas quais cresceremos. Rezamos: "O pão nosso de cada dia nos dai hoje". Quando rezardes, Jesus nos diz, tendes de crer que vossa oração já foi ouvida. Não podemos julgar os resultados. Temos certeza de que tudo o que vem a nós é o nutritivo pão nosso de cada dia. Eis o que significa crer: tomar o pão de cada dia e comê-lo com amor e gratidão, por mais amargo que ele seja. Por natureza nós ficamos, por assim dizer, com nosso ponto de vista e dessa posição julgamos as outras pessoas, as coisas e o que acontece. A fé exige que deliberadamente abandonemos essa posição e passemos a outra, ao ponto de vista de Jesus, e então como tudo vai parecer diferente! Isso exige esforço constante, reajuste constante. A menos que iniciemos essa batalha contra nossa subjetividade — como sentimos, como as coisas nos parecem etc. — e escolhamos seguir o caminho de Jesus e viver a vida em sua perspectiva, nunca chegaremos a parte alguma. E, contudo, como são poucos os que fazem isso dia após dia até ser uma segunda natureza, sua natureza. Esses, na verdade, revestem-se da mente de Cristo.

Jesus ordena-nos dizer: "Pai nosso", e santificar o nome desse Pai deve significar levar muito a sério o fato de todos serem seus filhos e meu irmão ou irmã. "Revesti-vos de toda ternura, bondade, humildade, delicadeza e paciência, como escolhidos, de Deus, seus santos e muito amados [...] Perdoai-vos mutuamente." Precisamos demonstrar a todos amor e bondade constantes e incondicionais, independentemente de como eles nos tratam, porque é assim que Deus é e age. Ele é perdão: um amor sempre pronto a perdoar. Logo que chegamos ali para receber, ele se doa. Também nós precisamos ser assim, precisamos reagir aos outros assim. A menos que o façamos, não podemos receber o amor de Deus. Afastamo-nos dele. Em parte alguma, exceto quando cita o Shemá, Jesus fala de nosso amor pelo Pai. Ele nos diz que precisamos crer no Pai, confiar nele, obedecer a ele e amar o próximo. Parece presunção falar de amar Deus — como se pudéssemos! Amamos Jesus e ele nos explicou o que significa amá-lo: guardar seus mandamentos. Essa entrega a Jesus, guardando suas palavras, coloca-nos imediatamente no abraço do Pai que está à nossa espera. "Se alguém me ama, guardará minha palavra, meu Pai o amará" (Jo 14,23). Nessas palavras estabelece-se um afetuoso companheirismo. Jesus ama o Pai. O Pai ama Jesus. Somente em Jesus amamos o Pai e recebemos seu amor. Amamos o irmão ou irmã que vemos, os que vivem conosco em nossa vida mortal, e, ao fazê-lo, amamos o mistério indizível, o Pai.

> Pai justo, o mundo não te conhece mas eu te conheço, e estes também sabem que tu me enviaste. Fiz com que conhecessem teu Nome e os farei conhecê-lo ainda, para que o amor que tens por mim esteja neles e para que eu mesmo esteja também neles (Jo 17,25-26).

Às vezes sentimos como se a vida fosse muito dura ou muito desinteressante e enfadonha. Parece que os obstáculos dentro de nós são enormes e insuperáveis. A fé resoluta de Jesus precisa ser nossa. "Tudo é possível para quem tem fé", eis seu modesto alarde. Quando parecia que tudo dava errado para ele, quando o "não" dos corações humanos se solidificara em uma pedra dura que ameaçava oprimi-lo, ele tinha certeza de que seu Pai podia mover e moveria aquela massa dura e a afundaria para sempre. Ele morreu na esperança, não em esperanças realizadas. A imagem dele adormecido na tempestade violenta, quando os outros estavam frenéticos e irritados com sua aparente indiferença, revela o íntimo de seu coração em sua confiança perfeita. Se queremos ser seus amigos, precisamos viver desse jeito. Um amigo de Jesus tudo ousa e jamais diz que alguma coisa é muito difícil. Se Deus pede alguma coisa, é possível realizá-la. Essa pessoa não evita nada: situações fatigantes, pessoas antipáticas, deveres difíceis. Aceita cada dia conforme ele se apresenta, com seus prazeres e suas alegrias, suas coisas desagradáveis e seus sofrimentos, carregando sua cruz e indo com Jesus. O significado da cruz não é o sofrimento, mas a obediência: fazer a vontade do Pai, seja isso fácil ou difícil.

Para os verdadeiros amigos de Jesus, o mal não existe. Tudo se transforma em bem. A própria morte, o epítome de tudo que é mau e destrutivo, se transforma. Na maravilhosa réplica aos saduceus, que negavam a ressurreição, Jesus, ele próprio ainda na fé e não na visão, gloriosamente afirma nosso futuro eterno, simplesmente porque conhece seu Pai e sabe que esse Pai nunca abandonaria seus amigos. A ideia é impensável. Estais muito, muito enganados, ele declara enfaticamente, e encerra o assunto.

Amigos de Deus? É possível? Sim. Mas só há um jeito: tornando-se "filho"; aceitando a amizade e o companheirismo de Jesus, de modo a aprender com ele a qualidade de filho e compartilhar sua filiação. Na prática isso quer dizer ser completamente insignificante para nós mesmos, tornarmo-nos altruístas e vazios, nada a não ser um eco — como Henoc, que desapareceu e não foi mais visto. Eis o paradoxo: quem consentiu em não ser nada, exceto um vazio para o amor do Pai, torna-se (e só agora, neste contexto de nada, ousamos sussurrar a palavra), de certa forma, "igual" a Deus, criado para ser seu amigo, seu amado. "Eu e o Pai somos um", diz Jesus. Perdidos em sua *kenosis*, o mesmo pode, talvez, ser dito de nós.

capítulo três
Fé, confiança, entrega a Deus: oração é isso

Para os cristãos, os que proclamam ser Jesus seu Caminho, sua Verdade e sua Vida, aquele que nos revela o Ente Supremo, por meio de quem nós estamos em Deus e Deus em nós, a oração deve ser a mais simples e menos complicada das atividades. Contudo, não é essa a impressão transmitida por numerosos livros sobre o assunto, seminários realizados e pela ansiosa busca geral por formas de rezar com sucesso. Essa impaciência, esse anseio por técnicas e habilidades relacionadas àquilo que, de fato, ninguém pode ensinar indicam falta de fé, o que não deve nos surpreender. A fé não é assunto fácil. O próprio Jesus percebeu como para os seres humanos é difícil crer realmente. "Mas quando vier o Filho do homem, encontrará fé sobre a terra?" (Lc 18,8) "Quem poderá se salvar?", os discípulos exclamaram em um momento de rara inspiração. Jesus olhou para eles e disse: "A Deus tudo é possível" (Mt 19,25-26). É esse o centro de nosso assunto: que a essência da oração é Deus. O Deus de Jesus, Doa-ação total, está sempre presente para nos amar, e nessa ação de nos amar, transformar e "salvar" ele nos leva àquela perfeita realização para a qual fomos criados.

De nossa parte, oração é simplesmente estar ali: abertos, desprotegidos, convidando Deus a fazer tudo o que ele quer. A oração não é *nossa* atividade, *nossa* ação de entrar em contato com Deus, *nossa* procura da compreensão de Deus ou de sermos desejáveis a ele. Não podemos fazer nada dessas coisas, nem precisamos, pois Deus ali está, pronto a fazer tudo para nós, amando-nos incondicionalmente. Todos sabemos disso em teoria; mas quantos realmente sabem disso quando se trata de vida prática? Implícita, se não explicitamente, pensamos que temos de descobrir nosso caminho. Nossa verdade, presumimos, é idêntica ao que ela *nos* parece; o que *nós* pensamos; *nosso* ponto de vista. É nossa vida espiritual que queremos e nossa oração. Contudo, é uma declaração de verdade incontestável que "Eu sou o caminho, a verdade e a vida. Ninguém vai ao Pai senão por mim" (Jo 14,6). A ajuda mais segura que podemos dar a nós mesmos e aos outros é exortá-los a procurar ardentemente compreender Jesus no Novo Testamento, de modo a "comunicar-se com Deus corretamente", e suplicar constantemente por uma fé maior. Nada mais é necessário.

Aqui nosso foco específico é na oração pessoal ou solitária, mas uma vida verdadeiramente cristã é toda oração. Para os "escolhidos" de Deus, a vida é desejo incessante expresso em sua escolha prática da vontade divina em tudo o que acontece. É estar ali para a vinda de Deus em todos os detalhes da vida, amando, purificando, transformando. A oração solitária, a oração litúrgica e a oração da atividade cheia de graça são uma só e a mesma grande obra de Deus e nossa cooperação com ela. Todas as três são necessárias; são interdependentes e nutrem umas às outras.

Segundo o evangelho de João, a única obra que o Pai nos pede é que creiamos "naquele que ele enviou" (Jo 6,29). Cremos? Quanto mais instruídos somos, mais desconfiados precisamos ser do hiato entre nosso conhecimento teórico e as atitudes que, na prática, dirigem nossas vidas. Precisamos preocuparmo-nos profundamente em fechar esse hiato, confrontando nossas atitudes e ações com a verdade que é Jesus. Ansiedade quanto à oração, quanto ao nosso relacionamento com Deus, indica falta de fé. Ainda não cremos em Jesus, que se esforça ao máximo para nos convencer de que estamos perfeitamente seguros no amor insondável do Pai, que cuida de nós com uma solicitude que alcança os mínimos detalhes. A única coisa sensata a fazer é nos abandonarmos com confiança nas mãos de Deus. Enquanto não nos afastarmos de nossa vida espiritual, somente nos confundiremos e atrapalharemos. Precisamos cessar de nos preocupar com nossas reações subjetivas e suspender nossa tentativa de avaliar nossa posição espiritual. Se cremos realmente, então renunciamos a nosso desejo frenético de alguma evidência de nosso íntimo, de algum sinal, sentimento ou sugestão de que o que pensamos prova que tudo está bem. Almejamos estar perfeitamente seguros.

Bem, não temos esse tipo de certeza, pois não é possível tê-lo. Mas já temos absoluta certeza: confiança magnífica no *Abbá* que Jesus nos mostra. Mais cedo ou mais tarde, cada um de nós tem de se confrontar com a verdade terrível (ou verdade ditosa, conforme nossa fé) de que não temos nada, absolutamente nada, para prosseguir ou confiar, exceto Jesus. Em todas as outras áreas da vida, nossos esforços e nossa atividade são cruciais e temos de ser completamente adultos; mas quando se trata do próprio âmago da realidade, onde estamos face a face com Deus, ali somos apenas crianças. Nenhum outro estado é apropriado ou possível. Nossos temores, complexidades, escrúpulos, nossa complacência e nossa presunção originam-se de não fixar os olhos nele que é nosso caminho, nossa verdade e nossa vida. Por natureza inclinamo-nos a ficar fascinados com nós mesmos, até nas aflições. Não ousamos abandonar esse intenso egoísmo, sentindo que, se o fizermos, simplesmente nos reduziremos a nada. Temos medo de sentir que somos espiritualmente inadequados. Por isso, procuramos, em nome da oração, meios de nos desviarmos da simples e confiante exposição ao Amor. "Como é lento o vosso coração para crer" (Lc 24,25) que Deus é quem Deus é! "Senhor, bem sei, que és homem duro, que colhes o que não plantas e juntas o que não semeias" (Mt 25,24). Jesus conhecia o coração humano e sua deplorável caricatura de Deus. Não admira que não confiemos nesse aí! Não admira que nos esquivemos de encontrá-lo!

Por trás de nossa confusão a respeito da oração está a suposição de que, embora Deus nos tenha feito humanos, esse mesmo Deus espera de nós algo melhor do que nossa humanidade proporciona e fica aborrecido com nossas hesitações e nossa impotência espiritual. Choramingamos para fazer alguma coisa (mal sabemos o quê) que de fato Deus não quer, ou para conseguir alguma coisa em que Deus não tem o mínimo interesse. O que fazemos nessa situação é nos esconder, recusando-nos a assumir o risco da confiança. E a prática real da oração? Deve estar claro agora que toda a nossa preocupação com seja o que for que *nós* façamos precisa ter como objetivo manter-nos "ali" na fé diante de Deus. A primeira coisa é decidir que tempo reservaremos à oração cotidiana e então permanecer firmemente fiel a ele. Será a primeira prova de nossa seriedade. Mas a oração não pode nunca ser apenas uma atividade na vida. A oração é um modo de vida, e nosso dia inteiro deve ser orientado para a oração. E ainda, quando a hora da oração se aproxima, precisamos mais conscientemente dirigir nossos pensamentos e nos preparar para a hora do encontro sagrado. A leitura espiritual também é essencial, principalmente a leitura da Escritura: um pouco cada dia se possível e mais quando temos tempo disponível. Fidelidade à hora, preparação mental e psicológica, leitura espiritual: essas três atividades são nossa contribuição, como os escassos pão e vinho que levamos à Eucaristia. Precisamos também saber o que vamos fazer para iniciar nosso período de oração. Seria irresponsável deixar-se apenas levar, na esperança de que alguma coisa vai simplesmente "acontecer". Ao mesmo tempo, precisamos nos lembrar de que tudo o que estamos tentando fazer é nos ajudar a estar presentes para Deus nos amar. Não estamos tentando conseguir nada.

Ninguém pode afirmar que um modo de rezar é melhor ou mais elevado que outro. Uma pessoa escolhe este método ou esquema, outro aquele. Não é válido afirmar, por exemplo, que passar da tranquila e reflexiva oração vocal para o uso de menos palavras, ou mesmo de nenhuma palavra, significa que subimos para um degrau mais alto da escada e estamos mais perto de Deus. Não há escada para subir; Deus desceu até nós, Deus vem mais infalivelmente até os humildes, os pobres, os que anseiam pelo Divino e que não procuram, em absoluto, a si mesmos. Alguns acham que usam o mesmo método constantemente, outros não têm nenhum modo fixo, mas mudam todos os dias, conforme sua inclinação os orienta. Se mantemos claramente diante de nós a essência da oração, se realmente queremos Deus, se permanecemos fiéis à oração e se nos damos ao trabalho necessário, não há nada com que nos preocupar, por mais insatisfatória que seja nossa experiência psicológica da oração. Não há necessidade de nenhum guia, pois ninguém pode nos ensinar a rezar. Tudo que se pode fazer pelos outros é conduzi-los ao limiar da oração, mas ali, forçosamente, é preciso deixá-los. Atravessamos o limiar da oração em nossa solidão incomparável. Acima de tudo, como precisamos manter os olhos em Jesus! À parte qualquer outra coisa, não poderíamos perseverar nela de outro modo, confrontados, como somos, pelo Mistério incompreensível. Aqui não há nenhum furacão, nenhum terremoto, somente o "murmúrio de uma brisa" (1Rs 19,12). Fé, confiança, entrega a Deus: isso é oração.

Tudo o que é mais importante a respeito de nós acontece em um nível abaixo da consciência. Assim, a verdadeira oração, a oração em sua própria essência, foge a nossa percepção direta. Tudo depende de crermos que Deus é Amor, totalmente fiel, bom e generoso. Tudo depende, também, de nos entregarmos aos desígnios afetuosos de Deus, não pedindo certezas tangíveis. Na verdade, Jesus sabia como essa confiança é exigente, e contudo confiar é o único jeito de permitirmos que Deus seja completamente bom para nós, segundo a natureza divina. "Contou-lhes ainda uma parábola para mostrar que é preciso rezar sempre e nunca desanimar" (Lc 18,1). Aquele que conhece o Pai e que nos fala das profundezas desse conhecimento nos assegura: "Deus te ouve e responde, a ti que és seu amado. Como poderia o Amante não fazê-lo! Deus responde agora, neste exato momento. Crê, apenas". É assim que o Reino de Deus vem sobre a terra, por meio dos "eleitos que clamam dia e noite por ele" (Lc 18,7) com o coração ansioso para que o amor redentor de Deus se derrame no mundo. Quando refletimos sobre nossa responsabilidade como aqueles a quem foi dado conhecer Deus, com certeza sentimos vergonha por nos preocuparmos tanto com nós mesmos e nossa vida espiritual. A verdade que é Jesus nos libertará desta fútil preocupação com nós mesmos.

capítulo quatro
Oração que é Jesus

A oração não é apenas uma função na vida, nem mesmo a função mais importante; é a própria vida. Estamos verdadeiramente vivos, somos verdadeiramente humanos somente quando nossa vida inteira é oração. Nosso entendimento do que é a oração depende de como pensamos em Deus. Talvez consideremos Deus um ser distante, onipotente, embora bondoso, a quem, obrigados pelo dever, devemos oferecer nossa adoração, nossa ação de graças e nossas súplicas, apresentando-nos diante de seu trono em ocasiões apropriadas para reconhecer seus direitos sobre nós e pagar-lhe o que devemos. O resto do tempo precisamos continuar com a atividade de viver. Sim, sabemos que Deus vê tudo e não perde nada. Ele está pronto a nos recompensar por nossas boas ações e nos criticar pelas más. Para cada boa coisa que fazemos, ganhamos um sinal de crédito ao lado de nossos nomes, e a soma total desses créditos ou méritos determina o tipo de felicidade que teremos no céu quando morrermos.

Ou entendemos que em recompensa pelo bem que fazemos Deus nos dá graça: uma coisa misteriosa que nos torna fortes e belos e agradáveis a seus olhos. Assim adornados, quando morrermos, teremos certeza de ser admitidos ao banquete nupcial da eternidade. Tudo isso é uma caricatura, eu sei, mas talvez esteja mais perto de nossas concepções *reais* — distintas de nossas concepções meramente intelectuais — do que queremos admitir.

Com essas ideias de Deus e de nossa posição em relação a ele, então, claro, a oração é apenas uma função na vida. Nada tem a ver com quem eu sou: minha realidade gritante e a amplitude de minha vida. Como a verdade é diferente! E isso aprendemos não com nosso coração pobre, cego pelos pecados e egoísta, mas com Jesus, pois ele é o único que nos revela como é o Pai, nosso querido Deus.

Esse Deus não está "lá fora", mas muito intimamente presente para mim, no pulso sanguíneo de minha vida. Não é um grande Senhor que se deleita com a homenagem de seus vassalos e se sente insultado quando ela é negada. Não está, de modo algum, interessado em si mesmo, mas só em nós. Nossa felicidade é sua felicidade. Somos sua obsessão; ele se ocupa de tudo o que nos diz respeito, cada detalhe de nossas vidas, cada célula de nossos corpos. Tudo é material para sua apaixonada preocupação. Jesus nos garante isso. Ele tem todo o amor ansioso, terno e carinhoso dos melhores pais. Essa simples declaração do amor de Deus por todos nós é assoberbante demais para aprendermos. A maior parte do tempo precisamos aceitá-la "na fé", como se diz. O que importa não é saboreá-la na mente e na emoção, mas sim viver de acordo com ela.

O único desejo e propósito de Deus é dar-se a mim... O que isso significa para minha natureza que depende dos sentidos? Mais uma vez, tem de ser aceita em profunda fé; ter Deus assim é minha felicidade, e até se tornar um fato, até eu ser inteiramente possuído por ele, permaneço infeliz e não realizado. Recebi expressão humana do amor do Pai por meio de meu irmão Jesus, um "homem como nós". Sem ele eu não o conheceria, e jamais poderia perseverar agarrando-me a esse conhecimento se não fosse por aquele cuja própria essência é ser entregue a ele e possuído por ele, Deus. E é precisamente isso que a oração é.

Nosso tempo mortal aos olhos de Deus é a oportunidade de estarmos preparados para receber Deus. É oportunidade para Deus se aproximar de nós. E essa "aproximação" é nos prepararmos para a presença e a força interior divina totais. A iniciativa nunca parte de nós. Não temos de persuadir Deus a ser bom para nós, temos apenas de nos entregar à bondade que nos cerca.

Ninguém vai ao Pai exceto por meio de Jesus. Essa afirmação solene tem incontáveis implicações. Não subentende necessariamente que preciso sempre ter uma comunicação explícita com Jesus quando vou rezar, nem que preciso conscientemente dirigir minha oração por intermédio dele, embora, para o cristão, este seja sempre o jeito normal. Isso significa que sozinho não posso alcançar Deus. Ora, o orgulho humano acredita que pode. Intelectualmente, não acreditamos, mas na prática muitos de nós supomos que precisamos "fazê-lo nós mesmos". Em geral, as pessoas religiosas acham que por um generoso esforço ascético e espiritual acabarão por chegar a uma experiência de união com Deus. Não é assim. Só Um alcançou o Pai e só podemos alcançá-lo na medida em que nos deixarmos ser agarrados em Jesus, levados por ele. Na prática, isso significa renunciar a qualquer conquista que temos ou queremos ter. Significa desprezar o que sentimos ou não sentimos. Significa buscar Deus somente por ele, não por nada que possamos ganhar com isso.

    Reconhecer que temos necessidade absoluta do mediador, Jesus, significa a aceitação prática do fato de que, para alcançar Deus, precisamos morrer com Jesus; não por nossa natureza, nem sozinhos, mas "nele". Preciso entrar em sua morte. Essa morte é a morte de meu egoísmo e de meu autocontrole. É um êxtase: sair imediatamente de mim mesmo para pertencer a Deus. É a essência da fé. Eu não a alcanço sozinha; ela é operada por Deus e é o efeito do contato místico. Deus se revela às mais íntimas profundezas da pessoa, mas "ninguém pode ver Deus e viver". Entretanto, Deus nunca virá a nós dessa maneira enquanto não fizermos tudo o que podemos a fim de nos prepararmos para ele. Precisamos chegar a nossos limites, ajudados por sua costumeira graça. Somente quando chegamos ao fim do que podemos fazer ele intervém com uma comunicação direta, sem mediação.

    Essa preparação consiste em fazer tudo o que posso para conhecer Deus, isto é, procurá-lo com minha mente. Consiste em tentar conhecer sua vontade e dedicar-me totalmente a ela. Também exige grande fidelidade à oração, independentemente de sofrimentos e dificuldades. Este último ponto é da máxima importância, porque Deus "tocar-me", embora de leve, significa que sofro. Começo a me atrofiar, a experimentar alguma coisa de minha pecaminosidade e de minha total impotência. Passo a perceber com intensidade comovente que nada sei a respeito de Deus, que para mim ele ainda não revelou seu nome. Eu pensava que era espiritual, contemplativa mesmo. Vejo agora que sou uma casca vazia. Além disso, sei que não posso conhecê-lo nunca e nunca chegar até ele. É então que realmente sinto que preciso de Jesus, e tudo depende de que eu viva isso, largando os controles, entregando-os a ele e aceitando não ter nenhuma santidade, nenhuma conquista própria, estar diante de Deus como nada. Isso é morrer para que Jesus se torne meu tudo.

    A contemplação não tem absolutamente nada a ver com estados de emoção, o que experimentamos ou não experimentamos na oração. Não é uma conquista. Não tem em absoluto nada a ver comigo, exceto que eu a recebo. É obra totalmente de Deus, quando ele toma posse de mim. Em última análise, ser contemplativo significa ser santo, ser transformado em Jesus. Mas não cometamos nenhum erro. Essa profunda comunicação de Deus não pode ser conhecida por nossas faculdades naturais. Contudo, parece que muito pouca gente o entende. Falam de experiências mais profundas que a emoção, de uma requintada percepção espiritual que é, no mínimo, prova de comunicação divina. Mas tudo desse tipo é, no fundo, experiência dos sentidos, por mais requintado e espiritual que pareça. A experiência extasiante de si mesmo — objetivo de algumas religiões naturais — é ainda algo meramente natural e não tem nada em comum com o que examinamos aqui. A comunicação direta de Deus e sua ação transformadora *precisam* permanecer secretas. Serão conhecidas apenas por seus frutos: por uma qualidade de vida.

É muito fácil para as pessoas espirituais preocuparem-se mais com a "experiência contemplativa", com uma "vida espiritual" como arte ou técnica que produz vários estados de emoção, do que com Deus. A verdadeira oração é abnegada, enquanto este tipo de coisa é egoísta, uma cultura de si mesmo do tipo mais lisonjeiro. Sem uma graça muito excepcional logo no início, não podemos buscar Deus sozinhos. Há uma enorme quantidade de nós mesmos no que julgamos ser nossa busca de Deus, mas Deus põe mãos à obra para purificar essa busca, e precisamos aceitar essa purificação, que é dolorosa porque ataca nossa posse mais querida — nossa conquista espiritual.

A missa é a expressão suprema de oração, porque conserva, nesse momento, o mistério do próprio Jesus em sua entrega ao Pai e na resposta do Pai a essa entrega. Aqui vemos que é Deus que faz tudo. Eu só posso estar ali dizendo meu *fiat* e entregando-me com Jesus. É o modelo de toda oração verdadeira. Quando realmente entendemos isso, a oração é, na verdade, simples — tão simples que facilmente escandaliza por não ser bastante sublime ou exaltada! É simples, mas não é fácil, exatamente por ser sacrifício e entrega, que nunca são fáceis. É vida vivida somente para Deus.

Jesus acha natural que os discípulos destinem algum tempo exclusivamente para comungar com Deus. Era sua prática e ele espera a mesma coisa de nós. Segue a lógica do amor. Tenho um Pai que me ama loucamente; quero estar com ele. Jesus sabia que essa oração não seria fácil e que seria difícil perseverar. O que acontece é segredo, não só para os outros, mas também para nós. Somente Um vai obter alguma satisfação com ela e sua recompensa será por algo que é nosso preço. Nossa satisfação é unicamente dar alegria a Deus.

Quando compreendermos a verdadeira natureza da oração não precisaremos muita instrução a respeito de como nos comportar. Não há técnicas a aprender. Se quisermos Deus e não a nós mesmos, não haverá nenhum problema; sempre saberei o que fazer e nunca ficarei transtornado ou desconcertado pelo que sinto ou não sinto. Ao não pedir nada para mim — nenhum retorno, nenhuma garantia além daquilo que o próprio Jesus prometeu — persevero resolutamente. Ele disse que, se eu pedir, receberei, que, se eu buscar, acharei e que, quando eu bater, a porta se abrirá. Creio nele. Tenho certeza de que tudo está bem, de que Deus faz tudo por mim, de que Jesus reza em mim. Não peço para ver a dádiva em minha mão, para sentir que passei pela porta aberta e recebi a alegria de seu abraço. Toda a minha preocupação é que Deus tenha o que ele quer: a oportunidade de ser bom para mim tanto quanto ele desejar. E isso excede minha compreensão. Arrisquei meu tudo no Deus que nunca decepciona.

capítulo cinco
"Se conhecesses o dom de Deus..."

Quem crerá no que ouvimos?
A quem foi revelado o braço de Javé?
Isaías 53,1

O evangelista João toma essas palavras de Isaías e as aplica diretamente a Jesus: a incredulidade, a cegueira dos seres humanos que caracterizam a narrativa bíblica dos contatos divinos com homens e mulheres no Antigo Testamento alcançam o clímax no fracasso, na recusa de reconhecer Jesus, o Messias de Deus e, mais que o Messias, o próprio Filho do Deus que reconheciam como seu Deus (Jo 12,38).

Como somos privilegiados, é muito fácil para nós cristãos aceitarmos nossa fé, confiantes de que realmente cremos, realmente "temos" fé e nessa tranquila certeza deixarmo-nos ser desafiados pela probabilidade de haver grandes áreas de não-fé. "Cremos em Deus", afirmamos domingo após domingo. O que queremos dizer? O que a palavra "Deus" significa para nós? Descreva seu "Deus". Como sabe que este seu "Deus" realmente existe? Quando pensa atentamente a respeito, de onde vem sua ideia ou compreensão de Deus?

Ora, o Novo Testamento proclama — é a boa-nova que ele transmite — que "Deus", seja qual for nossa concepção de "Deus" (e é inevitável que o coração humano consciente ou inconscientemente tenha alguma ideia de Deus para afirmar ou negar), só pode ser conhecido por intermédio de Jesus Cristo, e Jesus Cristo crucificado. É essa a revelação que choca a sabedoria meramente humana e todas aquelas ideias de Deus que se originam na mente e no coração humanos. É a revelação do divino que para os judeus era obstáculo insuperável, um escândalo puro e simples, e para os pagãos loucura absurda. Em sua desprotegida, tosca humanidade, em sua carne fraca e sofredora e, ao extremo, em sua terrível paixão e morte, Jesus de Nazaré é o oposto perfeito das ideias humanas do divino (1Cor 1,22-24).

Talvez essa pareça uma afirmação surpreendente. Mas e a Ressurreição? A vida terrena de Jesus, sua paixão e morte pertencem ao passado. Certamente é o glorioso Cristo ressuscitado que temos de conhecer, e é esse glorioso Ser que é a imagem de Deus? Sem dúvida. Mas o que vemos desse Ressuscitado? Como Lucas nos diz claramente, a nuvem santa do Mistério divino o escondeu da vista humana (At 1,9). Conhecemos o coração do Ressuscitado, como ele é para nós, o que ele faz por nós e em nós, precisamente por intermédio de sua vida terrena e em sua paixão e morte. O Ressuscitado, "à mão direita do Pai", é Jesus e nenhum outro. Sabemos que no próprio coração da Trindade, no "céu", há a mesma paixão de amor por nós, aquele mesmo ato de se consumir para nos alcançar, aquele ato de "nada poupar", aquele puro excesso de amor que, na realidade deste mundo e de nós mesmos como somos, encontrou sua forma mais expressiva no homem despojado, esbulhado no patíbulo.

Esse é o Deus cristão, o Deus vivo, o Deus que realmente é. Esse é o Deus a quem Jesus chamava Pai, de quem ele é a imagem e a quem devemos nos entregar ou negar. E nós? Se examinarmos nossas ideias e as atitudes que resultam dessas ideias, não descobriremos suposições a respeito da Divindade que se originam da sabedoria humana e que transpusemos para Jesus e, dele, para o Deus e Pai de Jesus? Podemos criar, e talvez criemos, um Jesus à imagem e semelhança de Deus, mas é um Deus de nossa concepção humana. Essa sempre será nossa tendência natural. Deixamos de conhecê-lo, do mesmo modo que os judeus da Antiguidade deixaram de "ver" Jesus e reconhecer quem ele era. Progressiva e dolorosamente, com deslizes para trás, todo seguidor de Jesus tem de permitir que Jesus — sua pessoa, sua vida, sua morte e sua Ressurreição — corrija, talvez mesmo destrua e depois transforme sua compreensão de Deus. O conhecimento teórico não basta. Sofremos da mesma cegueira inata e da resistência ao reconhecimento que eles tinham. Talvez seja Paulo quem expresse de modo mais dramático essa perda radical de Deus, o Deus a que ele servira com zelo e paixão. Nós o vemos literalmente caído por terra e cegado pela visão — do quê? Do inacreditável! Do Jesus crucificado como o próprio poder e a própria sabedoria de Deus! (At 9,1-9; 22,6-11; Gl 1,15-16). Tal revelação só pode vir de Deus. Paulo tinha certeza disso; não era outro senão o próprio Deus que revelou Seu Filho. Um conhecimento como esse transcende a sabedoria humana. É "o olho não viu, o ouvido não escutou" (1Cor 2,9).

Se queremos conhecer Deus, Realidade, Fundamento e Base, Origem Absoluta, Mistério inefável, aquele no qual nós e tudo o que existe somos como peixinhos minúsculos em um oceano infinito, precisamos olhar para Jesus crucificado. Carregando a cruz, ordenando-nos que contemplemos aquela face ensanguentada e humilhada, o foco do Espírito Santo não é em primeiro lugar no sofrimento, nem mesmo no pecado e suas consequências, mas em um amor que é absoluto, "fora deste mundo", "outro", "o que o olho não viu, o ouvido não ouviu, nem o coração humano imaginou". Precisamos contemplar, e contemplar com a máxima atenção, e depois afirmar: este é Deus; é assim que Deus realmente é. Por meio dessa visão temos a certeza do que está além de nossa compreensão, que Deus é amor e nada a não ser amor, e que ele é amor para nós e por nós. Não basta apenas afirmar o afetuoso interesse e a solicitude de Deus — não é preciso ser cristão para aceitar isso sinceramente. O que vemos em Jesus é uma doação de si mesmo por parte de Deus, que é o mais pleno conteúdo de amor. Deus não faz dádivas a não ser da Pessoa de Deus:

> Nossa alma é tão preciosamente amada por aquele que é o altíssimo que esse amor ultrapassa o conhecimento de todas as criaturas. Isso quer dizer que não existe criatura criada que conheça plenamente quanto, com que doçura e com que ternura nosso Criador nos ama (Juliana de Norwich, *Revelações do amor divino*).

Qualquer noção que coloque em contraste com Jesus uma figura de ira divina, que não só exige o justo castigo para a iniquidade humana, mas exige-o de Jesus em nosso lugar, um Pai que impõe ao Filho um sacrifício consternador enquanto Ele próprio permanece distante, insensível, nos domínios do divino, só pode ser considerada blasfema por nós hoje, seja qual for seu valor pedagógico para gerações passadas. É o evangelista João que nos mostra claramente a comunhão de vida, coração e vontade entre Pai e Filho. É o excesso de amor do Pai por nós que, ao encher o coração de Jesus, o move para o esvaziamento de si mesmo. Ao não nos ocultar nada, amar-nos extremamente, dar-nos seu tudo, sabemos que é o Pai que vive nele que não nos oculta nada e nos dá Seu tudo. Ao nos dar Jesus Ele nos dá Seu tudo.

A principal tarefa do cristão é crer que o amor divino é a largura e o comprimento, a altura e a profundidade, e que simplesmente não há nada acima, abaixo ou além dele. É nosso lar; envolve-nos e é nossa segurança máxima nesta vida e na morte e no outro mundo. Falamos de fé, não de sentimentos ou de entendimento intelectual. De fato, fé significa confiança cega no Deus de amor e entrega a ele, e esse amor é grande demais para nosso coração humano, para nossa mente humana. Não devemos mais viver a vida como se fosse nossa, confiando em nossa patética visão da realidade e de como Deus é para nós, mas apegando-nos, com a mente e o coração, ao Filho de Deus que "me amou e se ofereceu por mim" (Gl 2,20). Precisamos nos exercitar para renunciar ao nosso modo natural de ver e avaliar. Isso precisa estar a serviço da fé, contudo não deve ser confundido com a fé. Sem perceber, chamamos de "fé" aquela aquiescência que damos a nossas próprias ideias de Deus. A verdadeira fé nos leva ao desconhecido. Exige confiança cega, exige profunda humildade e entrega. Isso é ascetismo verdadeiro, o desprendimento que Jesus nos diz ser essencial para sermos seus discípulos.

Se o coração do cristianismo é o Deus que dá nada menos que a própria Pessoa de Deus, segue-se, como conclusão lógica, que a atitude fundamental que o cristão deve adotar é recebê-Lo. Antes de mais nada, precisamos aceitar sermos amados, permitir que Deus nos ame, deixar Deus ser o autor, o doador, deixar Deus ser Deus para nós. Mas como é difícil fazermos isso com consistência! Estamos sempre invertendo o papel, concentrados em servir a Deus, como dizemos, em fazer coisas para Deus, em oferecer a Deus alguma coisa. É nossa inclinação natural, mas precisa ser corrigida pela visão da fé. Jesus tenta, reiteradamente, fazer que os discípulos abandonem essa atitude presunçosa e entendam que, diante de Deus, eles são apenas crianças muito pequenas que não têm recursos ao seu alcance, mas precisam recorrer aos pais para tudo, absolutamente tudo. Seu papel não é dar, mas receber. Jesus sabe que isso exige mudança radical de ponto de vista, mais que de ponto de vista, mudança radical de atitude. Por sempre procurarmos nos provar a Deus (não é, na verdade, para nós mesmos?), temos de nos tornar pobres de coração exatamente como Jesus era. Jesus permaneceu sempre uma criancinha diante do Pai, sempre pobre e espoliado. A única coisa nele mesmo para a qual ele chama a atenção é seu coração manso e humilde. João nos mostra distintamente a pobreza de Jesus vivendo só pelo Pai, renunciando a uma vida própria, a qualquer recurso pessoal. Ele é um vazio no qual o Pai sempre se derrama, melodia vocal esperando ser cantada por Ele.

Há inúmeros incidentes nas narrativas evangélicas, sem falar das cartas de Paulo e de João e da carta aos Hebreus, que nos desafiam a essa mudança de atitude. Achamos essa lição tão difícil de aprender! A historinha lucana de

Jesus na casa de Marta (Lc 10,38-42) exemplifica distintamente esse ponto. Marta, depois de dar as boas-vindas ao visitante, faz a coisa óbvia esperada e lhe prepara uma refeição. Em vez de ajudá-la, Maria, sua irmã, senta-se aos pés do Senhor e o escuta. Marta fica zangada com Maria, e mais zangada ainda com Jesus por permitir-lhe ficar ociosa enquanto ela, Marta, faz todo o serviço. Em vez de repreender Maria, Jesus, embora muito cortesmente, repreende a bem-intencionada e atarefada Marta. Ele defende Maria por fazer a coisa certa, escolhendo a melhor parte. Lucas usa esse incidente para ressaltar que na presença de Jesus — um visitante nada comum — a única coisa certa a fazer é permitir que ele nos alimente, que nos sirva. É o único serviço que ele quer de nós. Do mesmo modo Pedro, embora havia tempo tivesse uma relação íntima com Jesus, ainda achava a lição difícil de aprender e censurou Jesus ajoelhado diante dele para lavar-lhe os pés (Jo 13,6-8). Jesus insistiu que tinha de ser assim; se Pedro queria ser discípulo de Jesus, tinha de aceitar o fato de que Jesus (e isso quer dizer Deus) é nosso servo. Jesus deixa claro que não gosta que seus verdadeiros discípulos se considerem servos de Deus. Eles devem considerar-se amados, amigos, familiares em Sua companhia. Entretanto, isso significa partilhar o modo de ver de Jesus, seu conhecimento do Pai, o que deve mudar radicalmente toda a perspectiva deles. Então eles vislumbrarão, com reverência, com trêmula gratidão, alguma coisa da humilhação divina em puro amor por nós. É das profundezas da humildade e do amor, sempre cônscio de ser servido pelo amor divino, que o discípulo se volta para servir aos outros. "Eu vos dei um exemplo, para que vós também façais como eu fiz", diz Jesus (cf. Jo 13,13-17).

Para mim, não é sem sentido que Lucas relate a história de Marta e Maria imediatamente depois da parábola do bom samaritano (Lc 10,29-37). Vemos que o samaritano, conscientemente ou não, escutava Deus, olhava para Deus e, portanto, reconheceu-o imediatamente no homem ferido e pôs mãos à obra para Lhe prestar auxílio, pois atendemos a Deus, servimos a Deus somente em nosso próximo. O sacerdote e o levita estavam, como Marta, preocupados em servir a Deus. É de se presumir que estivessem apressados, a caminho do templo, para desempenhar seus respectivos deveres religiosos. Ao ver o homem ferido, podem bem ter pensado que se tratava de um cadáver, e o contato com ele envolveria um ritual de impureza que os impediria de cumprir seus deveres. Eles não passam indiferentes. Cada um de nós precisa ser Marta e Maria ao mesmo tempo. Somente se tivermos o coração de uma Maria nosso serviço para os outros será altruísta. Não só o serviço a nosso próximo, mas também o que chamamos de práticas religiosas serão prejudicados pelo egoísmo se não formos sempre criancinhas no mais íntimo de nosso ser, esperando que Deus seja boníssimo para nós.

É bom, por exemplo, verificar nossos motivos a respeito da celebração da Eucaristia e dos outros sacramentos. Consideramos ir à missa ou ir à confissão meramente deveres religiosos, obrigações impostas a nós? Por que realmente vou à missa? Por que vou à confissão? Tenho medo de não ir? Em caso afirmativo, de quê? Sentimos ansiedade a respeito da confissão? O que temos de entender é que nos sacramentos Jesus vem a nós imediata e diretamente, para nos curar e nos conduzir à plena união com ele e o Pai. Recebemos os sacramentos não para dar alguma coisa a Deus, mas para permitir que Deus faça e seja tudo para nós. Como esse ritual é simples! O que é mais simples e verdadeiro que estender a mão vazia para receber a plenitude da vida? O que é mais simples que, se admitimos nossa falta de amor e a deficiência de nossa resposta ao amor, se admitimos que, mesmo que ainda sejamos cegos demais para vê-las, há em nós grandes áreas de não-fé e não-amor, ouvir então a voz do Filho de Deus (cf. Jo 5,25)? (Pois "absolvê-lo" é, creio eu, a mesma expressão que Jesus usou para mandar que a comunidade presente, quando ele gritou para Lázaro sair do túmulo, desamarrasse os membros atados de seu amigo — Jo 11,44.)

Além disso, talvez tenhamos feito alguma penitência quaresmal. Qual é nosso motivo? É porque um bom católico sempre faz alguma coisa na Quaresma? Presumimos que a penitência é uma boa coisa, que Deus fica satisfeito quando fazemos coisas fatigantes por Ele? Tudo isso dificilmente se encaixa no Deus que Jesus nos mostra. Contudo, o que Deus almeja que façamos é viver a verdade que Jesus revela. Isso significa crer no amor absoluto e incondicional de Deus, não de um modo irreal, mas de um modo que transforma nossas atitudes e nossa abordagem integral da vida. Não podemos esperar esse conhecimento real sem esforço de nossa parte. "Vede", diz João, "vede como é grande o amor que o Pai nos dedicou..." (1Jo 3,1). O que é mais importante para o discípulo que constantemente refletir na verdade de Deus, neste amor indizível, incrível com o qual somos cercados? Mas com quanta frequência fazemos isso?

À luz de tudo isso, vemos com certeza que nenhum cristão pode prescindir da oração. E talvez também tenhamos de mudar toda a concepção de oração que a vê como um período, breve ou longo, quando, por assim dizer, temos de acolher Deus com pensamentos santos ou sentimentos e palavras dignos. Quando sentimos que nosso desempenho é incompetente, ficamos desalentados e concluímos que, seja qual for a verdade geral quanto à necessidade de oração, para nós, pelo menos, sem dúvida devido à nossa imperfeição, é desperdício de tempo e seria melhor fazermos alguma coisa realmente útil para Deus. Mais uma vez, esquecemos a verdade de que é Deus quem faz e quem dá. A oração cristã nada mais é que estar presente para Deus, para que Deus nos dê. A única coisa que importa é crermos nisso e ali ficarmos com Ele, independentemente de como nos sentimos ou não sentimos. Sugiro que a expressão mais profunda que podemos dar à fé é reservar todo dia um tempo inviolável, mesmo que seja breve, durante o qual deliberadamente afirmamos o amor absoluto de Deus, de Jesus, por nós aqui e agora e que fiquemos ali, em fé cega e confiante, recebendo-o. Isso significa aprender a lição preciosa de que, de fato, não temos recursos próprios, significa aprender a viver alegremente sem certezas de nosso íntimo, mas lançando todo o nosso peso no amor infinito. Isso é glorificar a Deus, pois glorifica a verdadeira natureza de Deus, que é o amor.

Se conhecêssemos o dom de Deus... "Senhor, que eu realmente veja! Que eu realmente escute! Eu creio! Ajuda a pobreza de minha fé."

capítulo seis
Oração na Trindade

Ao escrever alguns anos atrás, Karl Rahner observou que, em sua maioria, os católicos são unitários, pois, até onde vai sua experiência consciente, o mistério da Santíssima Trindade é apenas um dogma, e mesmo assim um mistério totalmente desconcertante: um "artigo de fé" que, como bons católicos, eles aceitam, mas que parece não ter nenhuma relação com a vida. Tenho dificuldade em aceitar essa crítica. Com certeza, crer em Jesus Cristo subentende algum tipo de experiência ou conhecimento da Trindade em relação a nós mesmos? A oração cristã, o Pai-nosso, a oração do Senhor (de Jesus): "Orai assim: 'Pai nosso...'" (Mt 6,9), confronta-nos de forma inevitável com duas Pessoas. Santa Teresa d'Ávila, ao iniciar as irmãs na prática de oração mental, como ela a chamava, mostra-lhes como recitar o Pai-nosso de maneira tal que elas estarão rezando mentalmente:

> Procurai logo, filhas, pois estais sós, ter companhia. E que melhor companhia que a do próprio Mestre que ensinou a oração que ides rezar? (Santa Teresa d'Ávila, *Caminho de perfeição*, cap. 26).

E mais adiante: "Por mais confuso que esteja o vosso pensamento, havereis de achar forçosamente, entre tal Filho e tal Pai, o Espírito Santo" (cap. 27). Parece-me que o que falta a nossa consciência não é experiência, mas reflexão, enquanto Santa Teresa primava por refletir em sua experiência. Hoje, a Igreja desfruta de uma vida litúrgica vibrante e os católicos têm contato com as riquezas de textos litúrgicos no vernáculo; textos que são, naturalmente, completamente trinitários. É possível que o rigor de Rahner se referisse a uma época anterior a essa reforma e, esperamos, já não seja pertinente. Mesmo assim, creio que muito ganhamos com a reflexão em nossa experiência, e é isso que pretendo fazer aqui.

essência da Oração

Ter concordado em escrever a respeito da vida do Pai, do Filho e do Espírito Santo na oração "recorrendo à experiência pessoal" força-me a examinar cuidadosamente o que a Trindade significa *realmente* para mim, não o que acho que ela *deveria* significar (sempre uma tentação, porque é uma evasiva segura). Às perguntas feitas implicitamente (e não raro explicitamente): "O mistério da Santíssima Trindade tem influência sobre sua oração? Sua oração seria diferente se fosse separada dela?" Minha resposta imediata e firme é que, sem o mistério da Trindade, eu não teria oração. Simplesmente não imagino rezar a uma mônada, a um Grande Solitário. O que eu faria, uma consciência diminuta como a minha, olhando para o nada, apenas com esperança de que alguma coisa ou alguém esteja ali, mas sem nenhuma certeza? E se eu me arriscasse a dizer: "Sim, há Alguma Coisa", até um "Alguém", e depois? O que isso faz por mim? Mesmo a tentativa de expressar a hipótese parece absurda. Afirmo que, sem a Trindade, a oração não faria nenhum sentido para mim. Portanto, tenho de tentar explicar a questão até para mim mesma, porque não suponho que, falando objetivamente, isso seja óbvio.

Nasci e cresci numa família e numa comunidade católicas, consequentemente os nomes "Pai", "Filho", "Espírito Santo" estavam sempre em meus lábios. Significavam alguma coisa? É difícil dizer. Sempre percebi que Jesus não era o Pai; que, quando rezávamos "Pai nosso", não queríamos dizer Jesus, mas "Deus Pai". Naturalmente, a figura familiar era Jesus — como o Sagrado Coração, o Bom Pastor, o Menino de Belém. Além disso, eu sabia que Jesus era Deus, que eu o adorava no Santíssimo Sacramento e podia rezar para ele. Naqueles dias distantes, a missa era em latim. Nossos pais sempre seguiam a missa em um missal em inglês, e, quando tivemos idade suficiente, ensinaram-nos a fazer o mesmo, de modo que, dessa maneira, eu sabia que era o sacrifício de Jesus oferecido a Deus. Na escola, invocávamos o Espírito Santo para que nos ajudasse em nossos estudos; o ano escolar começava com a missa do Espírito Santo e havia, naturalmente, a festa de Pentecostes. Alguma ideia da Trindade estava presente desde o início, mas não posso dizer que, conscientemente, ela me impressionava. Quando fiz dezesseis anos, fiquei profundamente entusiasmada com a "compreensão" da realidade de Deus. Não há nada para dizer daquele "momento" a não ser que ele me deixou em total confusão. Eu sabia que *ali* estava a única Resposta para mim; a vida não tinha nenhum sentido exceto aquele Indizível. Rememorando, creio poder dizer que eu estava diante de um verdadeiro enigma. Sabia que aquele Um misterioso, oculto, silencioso era a resposta — e a única resposta — ao enorme ponto de interrogação, o inominável anseio que era eu. Contudo, esse Um era inacessível: presente ali, mas, aparentemente, não para mim. Eu tinha certeza de que Deus *me* queria? Embora fosse cristã católica, em experiência real, consciente, eu me defrontava com uma Mônada que, não obstante, havia me "enfeitiçado". De onde estou agora, em um contexto completamente trinitário, sei que foi o Espírito Santo que me manteve na Igreja Católica e na fidelidade aos sacramentos. Contudo, eu não percebia a ligação. A Igreja, os sacramentos, a doutrina pareciam inconvenientes, desligados daquele Absoluto. Pensamentos sobre Jesus e práticas devocionais nunca poderiam me satisfazer; pareciam muito distantes daquele Algo. Essa ardente percepção, a força penetrante da "compreensão" inevitavelmente enfraqueceram, mas seu efeito poderoso permanece até hoje. Passaram-se anos antes que a aparente brecha entre as duas experiências desaparecesse. Aconteceu imperceptivelmente.

Como jovem carmelita eu estava constantemente exposta à liturgia. Estudava as orações da missa e os textos do Ofício Divino do começo ao fim do ano litúrgico. A única forma de "devoção" que me atraía um pouco era o que agora eu chamaria de teologia bíblica. Eu lia e relia os evangelhos; rezava e rezava as narrativas e os diálogos, vendo-me sempre como a pessoa que Jesus encontrava e implorando-lhe as mesmas graças de purificação e cura: visão, água viva, alimento, fé, amor...

Eu também rezava as orações de Jesus: no decorrer de seu ministério, na última ceia e no jardim, e naturalmente essas orações eram ao Pai. Costumava pensar sempre naquelas noites que ele passou sozinho, rezando ao Pai, e queria identificar-me com essa oração. Fazia tudo isso como a resposta mais óbvia ao que me estava sendo mostrado e oferecido no Evangelho. Achei incentivos semelhantes para rezar nas palavras de Paulo, João e outros, transformando suas magníficas declarações de teologia em orações pessoais; e suplicava de todo coração pela realização em mim daquilo que esses maravilhosos textos revelavam a respeito dos incríveis desígnios divinos de amor. Eu estava ciente de não ser um indivíduo solitário; rezar por mim mesma dessa maneira era rezar por todo mundo. O Novo Testamento tornou-se oração. Percebi que Deus me falava, revelava-Se a mim nesses textos, e minha oração era minha resposta.

Dessa maneira, quase inconscientemente, minha oração assumiu uma forma trinitária. Eu sabia que o ímã de minha existência, inacessível, completamente fora do alcance de pensamento ou sentimento, tinha vindo a nós e olhado para nós em pura amizade e amor pelos olhos de Jesus. Em Jesus, o Inacessível era acessível e muito íntimo, habitando dentro de nós. Não havia necessidade de subir ao céu, nenhuma necessidade de lutar por inspiração. Inútil, de qualquer maneira. Olhando para Jesus, rezando e procurando viver o Evangelho, vim a perceber que o Inacessível é Amor absoluto e nada a não ser amor. O amor veio a nós, está conosco. Deus não é apenas "Deus", mas é sempre "Deus conosco", "Deus para nós", "Deus que nos tem" em Seu coração. Esse é Deus. Não há nenhum outro. Não cabe a nós formular perguntas irrelevantes e nos comprazer em especulações quanto ao que Deus é em sua própria Pessoa. Certa vez tentei enfrentar o tratado de Santo Tomás sobre a Trindade. Pareceu-me especulação brilhante, não Verdade; e deixou-me insensível. Era imprestável no que me dizia respeito, considerando que creio que tudo o que Deus revelou é para ser utilizado. A Verdade que eu procurava, encontrei no evangelho de João e na carta aos Romanos — e alhures no Novo Testamento e naquele Evento que conhecemos como Paixão, Morte, Ressurreição e Ascensão de Jesus e no envio do Espírito. Conhecemos a Trindade como experiência, e só assim.

Creio estar me adiantando um pouco. É muito importante para mim expressar como o Jesus humano tornou-se absolutamente central e indispensável para mim. No famoso tratado sobre a oração *Castelo interior*, Santa Teresa, na plenitude de sua maturidade e de sua compreensão dos modos de rezar, declara enfaticamente que é impossível tornar-se verdadeiramente santo, totalmente entregue a Deus e transformado em Deus senão pela adesão consciente à Sagrada Humanidade de Jesus. (Naturalmente, ela se dirige a cristãos.) Se estivermos inteiramente unidos a Deus, então precisaremos levar a sério, de maneira prática, que ele é nossa única porta para o Mistério divino: nosso Caminho, nossa Verdade e nossa Vida. Aprendi isso por experiência real, vendo-me completamente desamparada, falando de um modo espiritual. Tendo decidido entregar minha vida à oração no sentido mais profundo da palavra, minhas expectativas, apesar de vagas, foram completamente abaladas. Eu não tinha capacidade para rezar; Deus continuava completamente remoto para mim no nível de experiência consciente. Eu não tinha nenhuma percepção de Sua presença, de estar envolta em amor. Será que eu não tinha fé? — era o que me perguntava. Não podia alegar que tinha, que podia amar meu próximo ou Deus, se me deixassem proceder como bem entendesse. Se tivesse confiado apenas em minha percepção meramente humana, como eu achava que as coisas eram, teria me desesperado e desistido, dizendo a mim mesma que tudo não passava de um grande ardil da fé! Ou, se não isso, então, no mínimo, que eu mesma era um fracasso desprezível e não adiantava nada continuar a tentar. Mas eu não confiava em mim mesma; eu levava Jesus muito a sério. Percebia que meu desamparo total expressava uma verdade fundamental: não podemos salvar a nós mesmos, não podemos alcançar Deus, não podemos enfrentar Deus, muito menos exibirmo-nos em Sua presença. À pergunta dos discípulos perplexos: "Então quem pode se salvar?", Jesus respondeu: "Isto é impossível aos homens, mas não a Deus: porque a Deus tudo é possível" (Mc 10,27). Ora, eu mesma estava experimentando essa verdade. Deus nos deu Jesus para ser para nós, como nos diz Paulo, "sabedoria, justiça, santificação e redenção" (1Cor 1,30). Assim, não importa quando sentimos que nossa fé é muito fraca, mal existe, ou que não percebemos, não entendemos as coisas: Jesus vê, Jesus sabe e nós estamos em Jesus. "Cristo é meu e todo por mim", diz São João da Cruz. Ele é minha sabedoria, minha fé, e seu amor é meu para com ele amar. Portanto, temos condições de viver com nossa pobreza e, quando o fazemos, significa que Jesus é *realmente* nosso salvador — e é para isso que ele existe. Não quero a tarefa impossível de salvar a mim mesma, de produzir, com recursos próprios, uma fé que mova montanhas. Vim a compreender que Deus fez tudo por nós ao nos dar Jesus. Nossa parte é *usá-lo* ao máximo. Tomar Jesus para nós dessa maneira ou, inversamente, viver só em Jesus, sem nenhuma reivindicação para nós mesmos, é o que significa estar "no Espírito Santo". Identificados com Jesus, podemos nos dar ao luxo de ser pequeninos, como "criancinhas" e, exatamente como uma criança confiante, acalentada, achar natural que nosso Pai tudo faça por nós. No Ofício Divino para a festa da Imaculada Conceição há uma adorável antífona que, traduzida livremente, diz:

> O Senhor me cobriu da cabeça aos pés em sua redenção, envolveu-me com o manto de Seu amor e me fez santa.

Desde que procuremos fazer a vontade de Deus em todas as coisas (o que significa, essencialmente, que amemos os outros "como eu vos tenho amado", com amor altruísta) e desde que confiemos cegamente em Deus que é todo Amor, todos nós podemos fazer nossa essa humilde exaltação.

Até aqui concentrei-me no amor do Pai pelo Filho e no amor do Filho pelo Pai e em nossa participação nessa troca de amor. Isso me deixa exposta à crítica, muitas vezes ouvida, de que desse modo o Espírito Santo é esquecido?

Acho tal crítica absurda. "Havereis de achar forçosamente, entre tal Filho e tal Pai, o Espírito Santo", escreveu Santa Teresa em *Caminho de perfeição*. É claro que haveremos de achá-lo! Mas estou refletindo na *experiência*, não teologizando, e minha experiência pessoal é, creio eu, a experiência de todos que realmente têm fé em Jesus e vivem essa fé; esclarecimento gradual, discernimento da Escritura e diálogo entre a Palavra e a própria pessoa.

Pode parecer que tudo isso é apenas atividade humana: uma pessoa humana dirigindo-se ao Filho, Jesus, e, com ele, dirigindo-se ao Pai. E é isso mesmo. Mas, quando olhamos bem de perto, vemos claramente que essa "atividade" simplesmente não pode se originar apenas de nós mesmos. Com bastante frequência, está em total oposição à percepção natural, ao que nos dizem nossos sentidos. Carne e sangue não nos revelam essas coisas, nem nos permitem responder. Há uma força, um Espírito interior, que nos inspira, estimula e possibilita ignorar nossa estimativa de como as coisas são e, em vez disso, preferir crer. Nada é tão contrário à natureza quanto a experiência de nossa pobreza espiritual, e um amor prático por ela como esse só pode ser obra do Espírito Santo, o Espírito de Jesus. Não reconhecemos a verdade da Escritura de que, apesar de tudo o que está "contra nós", estamos fundamentados em uma esperança invencível "porque Deus tem derramado o seu amor em nossos corações pelo Espírito Santo que nos foi dado" (Rm 5,5)? Somos conduzidos não pela natureza, mas pelo Espírito, pois somos na verdade filhos de Deus, e o Espírito inspira nosso espírito a clamar com confiança: "*Abbá*, Pai" (cf. Rm 8,14-16). É o Espírito que continuamente protege nossa fraqueza com força divina, que sempre reza em nosso íntimo, mesmo quando nosso coração parece mudo, e expressa nossos desejos mais autênticos, desejos que quase nunca sabemos que temos.

Esses são os desejos de Jesus, formados e expressos em nós como nossos pelo Espírito Santo, a mútua troca de amor entre o Pai e o Filho. Essa oração é infalivelmente ouvida (cf. Rm 8,26). Tenho certeza de que não nos cabe examinar a face do Espírito, por assim dizer — nem podemos fazê-lo mais do que nos voltarmos e examinar a nossa. É a face de Jesus que contemplamos sem cessar, e é essa face que o Espírito nos revela. "Ele dará testemunho de mim" (Jo 15,26) e "vos conduzirá à verdade completa" (Jo 16,13). O Espírito Santo, que procede do Pai e contudo nos é enviado pelo próprio Jesus, é nada menos que o amor entre o Pai e o Filho, sua "comunhão". Nossa oração nos parece uma coisa tão pobre, tão infrutífera! Não vemos a realidade. Nossa oração está unida àquela comunhão de amor entre Jesus e seu Pai que *é* o Espírito Santo.

Por meio da dádiva do Filho Amado para o mundo (que é tudo o que Deus tem para dar, pois Deus não nos oculta nada) e por meio do amor desse Filho até o máximo, até o total esvaziamento de si mesmo, identificando-se conosco em toda a extensão de nossa vida mortal, desde a concepção até a morte; por meio da ação do Pai, elevando-o da morte para Sua vida eterna, glorificando-o com "a glória que eu tinha junto de ti antes que existisse o mundo" (Jo 17,5), viemos a saber que Realidade Absoluta é amor, dinâmica santa comunhão entre Pessoas. Não podemos "classificá-la", fazer dela um padrão: só podemos supor como ela é e viver com as gloriosas consequências. "A vida de Deus não é algo que pertence somente a Deus", escreve Catherine Mowry LaCugna:

> A vida trinitária é também nossa vida [...] Há *apenas uma* vida do Deus Trino, uma vida na qual misericordiosamente fomos incluídos como parceiros [...] um abrangente plano de Deus que alcança da criação à consumação, no qual Deus e todas as criaturas estão destinados a existir juntos no mistério de amor e comunhão (Catherine Mowry LaCugna, *God For Us*).

Jesus reza para estarmos com ele onde ele está no coração do Pai, amados como ele é amado: "Que todos sejam um, assim como tu estás em mim e eu em ti... Eu lhes dei a glória que tu me deste, para que sejam um, como nós somos um" (cf. Jo 17). É, certamente, apropriado reservar algum tempo da oração para apreciar, perceber e aprofundar nossa inserção nessa comunhão de amor?

capítulo sete
Amém: a resposta humana a Deus

"Mas é preciso que o mundo saiba que eu amo o Pai e procedo como o Pai me ordenou" (Jo 14,31). Um pouco antes, no mesmo evangelho, Jesus declara-se o Caminho, a Verdade e a Vida. Mais tarde ele faz diante de Pilatos a confissão de que nasceu e veio ao mundo para dar testemunho da verdade. A verdade da qual ele dá testemunho é seu amor pelo Pai, expresso em obediência absoluta e na entrega de si mesmo até a morte. É o evangelho de João que deixa claro o que está implícito nos sinóticos: Jesus vive em total submissão a seu Pai, seus olhos estão sempre Nele, seus ouvidos constantemente atentos. O Pai é sua vida, seu tudo. Sua confiança inabalável é alegre, expressão de um amor irresistível, amor tão absoluto que qualquer tipo de interesse pessoal desaparece e tudo o que importa é o Amado, os interesses e anseios do Amado — que Ele seja bendito em todos os corações humanos, que venha Seu reino, que seja feita Sua vontade. A iniciativa de Jesus consiste unicamente em uma atenção ininterrupta ao Pai para discernir Sua vontade, por meio dos acontecimentos, por meio da Escritura, por meio das vozes dos outros (por exemplo, sua mãe em Caná ou a siro-fenícia) ou pelas inspirações de seu coração. Sua vida inteira consiste em fazer a vontade do Pai em alegre renúncia.

O famoso hino em Filipenses 2 nos dá provas de como, bem no início, os cristãos entenderam que a obediência era o modo de ser de Jesus. Paulo emprega um texto mais antigo para indicar que devemos ter o pensamento igual ao de Cristo. Para Paulo, a obediência de Jesus até a morte *é* nossa redenção: possibilitou ao Pai elevar, pelo poder do Espírito, aquele que caíra por amor de nós nas profundezas mais indignas e constituí-lo um Espírito vivificante. O que mais senão o "sim" infalível de Jesus ao Pai é aquela "palavra poderosa" que "sustenta o universo" (Hb 1,3)? Hebreus e os evangelhos sinóticos nos fazem uma nítida revelação do custo dessa obediência alegre e dócil. Vemos Jesus chorando, clamando com dor e medo enquanto, agoniado, se esforça para aceitar o que o espera. O mal terrível perpetrado contra ele, os elementos mais torpes da natureza humana empregados para atormentá-lo, humilhá-lo, aviltá-lo e destruí-lo, tornam-se "Por acaso deixarei de beber o cálice que o Pai me deu?", um cálice a ser bebido até a última gota, bebido com todo o amor de seu coração.

Paulo afirma:

> [...] o Filho de Deus, Jesus Cristo, que [...] vos anunciamos, não era "sim" e "não", mas só houve nele o "sim". E é por isso que todas as promessas de Deus encontram nele o "sim" (2Cor 1,19-20).

A verdade revelada em Jesus, expressa em seu amor que se autoconsumiu, é o incompreensível amor "insensato" do Pai por nós. "Ardente" é a palavra que devemos usar, pois é um amor que nada faz cessar, derramando-se em imensa espontaneidade — amor que é pura compaixão, rebaixando-se para nos elevar, amor que nos permite receber o abraço divino da perfeita união e a ele responder. "Para isto nasci. Para isto vim ao mundo: para dar testemunho da verdade" (Jo 18,37). Em Jesus vemos a verdadeira face do Pai e a verdade da humanidade. "Eis o homem!" (Jo 19,5). A única vida verdadeira, para nós como para Jesus, é o amor do Pai. Em Jesus e por meio dele, o Pai satisfaz Sua vontade, Seu amor pela humanidade. Os autores neotestamentários envidam todos os esforços para comunicar alguma coisa do que Deus estabeleceu para nós "antes da criação do mundo" (Ef 1,4), uma façanha além da concepção humana. "O olho não viu, o ouvido não escutou, nem o coração humano imaginou tudo o que Deus preparou para aqueles que o amam" (1Cor 2,9).

Nessa vida humana com sua curta duração — uma existência na carne, coberta de fraquezas, sujeita à tentação, ao sofrimento de coração, mente e corpo, existência como a nossa em tudo, menos no pecado — o Pai consumou a redenção do mundo, a chamada de toda a criação para Si, para sua perfeita realização bem-aventurada. Desde "o princípio", co-incidente com nossa criação, existe a gloriosa irrevogável promessa divina. Jesus é "o Verbo", o eterno "sim", Amém ao Pai e, em sua humanidade, o Amém à promessa. O livro do Apocalipse o declara assim especificamente: "o Amém, a testemunha fiel e verdadeira, o princípio da criação de Deus" (Ap 3,14), que é também o Ômega (Ap 1,8). Aqui, então, está nosso sentido como seres humanos: amar o Pai. E isso deve significar, como para Jesus, uma vida de total obediência, total dedicação à vontade do Pai. Mas a vontade do Pai é sempre e tão somente nossa perfeita felicidade em Seu amor. Só seu amor pode nos fazer felizes; por isso nosso amor, nossa obediência à vocação que Ele nos deu, consiste em sermos pressurosos recebedores de Seu amor transformador, beatificante: sermos "Amém" com Jesus, o perfeitamente obediente.

Embora o expressem de maneiras muito diferentes, João e Paulo têm visão inspirada de nossa união com Jesus. Em João, o próprio amor que o Pai tem por Jesus inclui cada um de nós. Tudo o que o Pai deu para Jesus, Jesus nos dá. Vivemos pela vida de Jesus, do mesmo jeito que os ramos de uma vinha existem e são sustentados pela seiva do cepo da vinha. Isolados dela, somos impotentes — incapazes de dar um só passo em direção ao Pai. Nós dependemos de Jesus e Jesus depende do Pai. Ele tira vida de seu Pai; nós tiramos essa mesma vida de Jesus. Essa união *é* redenção. Estar em Jesus é estar em casa no coração do Pai. O que temos a fazer, nosso único jeito, é nos mantermos fiéis a Jesus como nosso Salvador incondicional.

Paulo declara que Cristo Jesus se tornou para nós "sabedoria, justiça, santificação e redenção" (1Cor 1,30). Tudo está nele e somente nele. Estamos incorporados a ele. Tudo o que Jesus fez torna-se nosso; o que ele herdou torna-se nossa herança. *Conmortui, consepulti, conresurrecti* — morremos com ele, fomos enterrados com ele, ressuscitamos com ele (cf. Rm 6,1-11). Somos co-herdeiros com Cristo, já morando no céu, o céu onde Cristo está — ou com maior exatidão: que Cristo é. Como na visão de João, nós *agora* temos a vida eterna. O Batismo expressa, concretiza, "contém" essa verdade inexprimível. No Batismo proclamamos nosso "Amém", ao menos por meio de nossos padrinhos, comprometendo-nos a viver o que nos tornamos em princípio. Entendida corretamente, a vida cristã é isso: integração cada vez mais profunda da realidade do Batismo, discernimento mais profundo da herança que é nossa, entrega de nós mesmos ao Espírito para reproduzirmos "a imagem" do Filho de Deus (Rm 8,29). Pelo Batismo somos incorporados à Igreja, o meio escolhido por Deus para nos conservar em Seu Filho e nos favorecer com as "riquezas da sua graça" — riquezas que Ele "derrama abundantemente" sobre nós em Cristo Jesus (Ef 1,7-8).

Todo ser humano, pelo próprio fato de ser humano, já está, pela dádiva gratuita de Deus, instalado na terra prometida, terra onde mana leite e mel — e Jesus é essa terra prometida. Nossa existência terrena é de contexto sacramental: as riquezas de Cristo, os tesouros do amor de Deus nos são transmitidos por meio das coisas criadas. "A dádiva admirável nos é dada silenciosamente, muito silenciosamente" — e dada sem cessar. Jesus entra em todos os acontecimentos da vida, na palavra sagrada da Escritura, em nossa oração e, de modo supremo, nos sacramentos propriamente ditos. Secretamente, por esses meios, o Espírito divino opera no mais íntimo de nossos corações, purificando-os e transformando-os e fazendo de nós verdadeiros filhos de Deus, herdeiros do reino de Jesus. Essa união com Deus, vivida com pureza e plenitude, é o que chamamos "mística"; é simples, direta, mas tudo transforma.

O "influxo de Deus na alma", para usar a definição da teologia mística dada por São João da Cruz (*Noite escura*, 2,5,1), nos é oferecido nos sacramentos em uma profundidade que nunca perscrutaremos. Neles, sob realidades criadas, temos contato direto com Cristo em todo o seu poder salvífico. A Eucaristia é o sacramento do sacrifício de Jesus, de sua entrega amorosa total ao Pai e do abraço que o Pai lhe dá na Ressurreição. Essa "troca" divina torna-se nossa e somos levados à vida trina de amor. Nossas oferendas, que nos representam, tornam-se o sacrifício de Jesus. O sentido inteiro de nossa existência cristã está em deixar que Deus efetue essa transformação. De um modo misterioso mas real, devemos nos tornar a realidade e a presença de Jesus no mundo. Não precisamos conceber nosso culto, nossa adoração, nosso amor e nossa ação de graças — como eles seriam inadequados. O Pai os deu a nós, pois a Eucaristia é culto e amor que são totalmente apropriados: o culto e o amor do Filho.

Do mesmo modo, não precisamos descobrir um meio de expiar, de "compensar nossos pecados" e os dos outros. Quanto sofrimento infligido a si mesmo é oferecido ao Pai em "reparação", para "fazer penitência pelo pecado", como se o Pai tivesse prazer em nos ver sofrer! Não, Deus em pessoa tomou sobre Si o fardo da reconciliação; Ele e somente Ele pode "endireitar as coisas", pode tornar possível para o mundo alienado encontrar um lugar legítimo no coração divino. De um modo concreto ele já foi alcançado. Aos olhos do Pai, pendemos da cruz com Jesus; a tristeza e o amor com que o coração de Jesus respondeu ao amor escarnecido do Pai nos foram dados como nossa tristeza, nosso amor e nossa expiação. Nossa alienação do Pai causada pelo pecado foi superada. O amor do Pai por nós, crescendo através de seu coração humano, levou Jesus a tomar sobre si os pecados do mundo. Só ele conhece a realidade do amor ardente do Pai, e o "aprecia" como nós jamais podemos fazê-lo; portanto, só ele pode medir o pavor de sua rejeição. "É por Ti que estou carregado de tanto opróbrio, é por Ti que meu rosto se cobre de ignomínia" (Sl 69,8). Embora ele fosse inocente, pendeu da cruz como um pecador, com o coração partido de amor e tristeza. O amor é o único bálsamo para o amor ferido. O Pai estende os braços para seu Filho torturado e o eleva à glória. É feito o julgamento definitivo do pecado, julgamento de perdão total. Por ele, com ele, nele, oferecemos amor por amor e somos apanhados no mesmo abraço. Tudo é feito por nós: *consummatum est* — "Tudo está consumado!" (Jo 19,30). Isso celebramos, "apoderamo-nos" disso de um modo totalmente pessoal no sacramento da Reconciliação.

Achamos difícil aceitar o quanto Deus está envolvido conosco, como somos essenciais — por Sua livre escolha — para Sua completa felicidade. A Escritura incentiva-nos a procurar nossas analogias em imagens humanas. Somos filhos adotivos. Pense em um casal, num homem e numa mulher tremendamente felizes que encontram um no outro tudo de que precisam. Por nenhuma outra razão além da generosidade e do desejo de compartilhar sua felicidade, decidem adotar crianças como se fossem seus filhos. A partir daí sua vida sofre profunda mudança. Agora estão vulneráveis; sua felicidade está envolvida no bem-estar dos filhos; as coisas nunca voltarão a ser as mesmas. Se os filhos decidem alienar-se e seguir o caminho para a ruína, o casal fica abalado. Eles vão implorar, humilhar-se, fazer enormes sacrifícios, esquecer-se de si mesmos para fazer que os entes queridos entendam que o lar ainda é seu lar, que o amor que receberam é imutável. Isso talvez nos dê algum entendimento da redenção. Em um mistério que não podemos compreender, Deus "esvazia-Se", "perde-Se" para trazer de volta para Si Seus filhos afastados, perdidos. E isso é tudo o que o Pai quer. É o único remédio para Sua ferida. Deus já não é puro Deus, mas sempre Deus-com-a-humanidade-em-Seu-coração.

Como asseguramos que o que em princípio foi feito para nós se torne totalmente verdadeiro em cada um de nós? Todo cristão fervoroso pode dizer com alguma sinceridade: "Eu vivo. Mas não mais eu: Cristo é que vive em mim" (Gl 2,20). Porém ousamos proclamar que isso é verdade no sentido mais pleno? Por que, pergunta João da Cruz, tão poucos alcançam esse estado elevado? Ele tem certeza de que Deus o deseja para todos: é nossa vocação cristã. A falha é nossa. Não estamos preparados, diz João, para nos darmos ao trabalho de fazer tudo o que é possível para preparar a atividade santificadora do Espírito Santo, nem estamos preparados para aceitar a dificuldade e o sofrimento inevitáveis que são seus efeitos:

> [...] esta altíssima união só pode ser dada a uma alma já fortalecida com trabalhos e tentações, e purificada por meio de tribulações, trevas e angústias[...]
> (São João da Cruz, *Chama viva de amor*, 2,25)

Parece que tais expressões nos livram facilmente demais. "Esse tipo de sofrimento é para almas muito especiais, não para uma pessoa comum como eu." Pura falácia. A vida de cada um de nós, conforme ela se desenrola dia após dia, com suas obrigações, ansiedades, exigências — todos os altos e baixos da pessoa "comum" —, contém tudo de que o Espírito Santo precisa para nos purificar de nosso egoísmo. Aqui estão "trabalhos" e "tentações", "trevas" e "angústias" suficientes; não há necessidade de procurar mais. Mas precisamos deixar que o Espírito Santo use tudo. Aí não "nos damos ao trabalho", não fazemos o esforço de fé para nos elevarmos acima do nível de nossos sentidos.

Se vislumbramos a verdade do que Jesus é para nós pela dádiva do Pai, se firmemente acreditamos nessa verdade, então sabemos que estamos verdadeiramente na terra prometida. É um jeito de dizer que cada um de nós foi crucificado com Cristo, morreu com Cristo e ressuscitou com ele. Entretanto, podemos viver como se estivéssemos amontoados na margem, sem interesse pela vida maravilhosa que nos é oferecida, com pouco ou nenhum desejo de explorar a terra, de nos nutrirmos com suas riquezas. Isso acontece porque, no fundo do coração, duvidamos de sua realidade. Não acreditamos realmente que seja uma realidade para NÓS.

Em *A última batalha*, a história final dos contos de *Nárnia*, de C. S. Lewis, os traiçoeiros Anões "recusam-se a ser levados para dentro", isto é, para a Nárnia transformada, embora na verdade já tenham cruzado seu limiar. Enquanto as crianças e todos os bons e nobres, bestas ou humanos, que lutaram bravamente na última batalha, estão extasiados com a beleza de tudo o que os rodeia, os Anões estão insensíveis a ela. Para eles, esta terra encantada não passa de "um buraco de estábulo tenebroso, miserável e malcheiroso".

— Você está cego? — perguntou Edmundo.
— E quem não fica cego nesta escuridão? — resmungou Ranzinza.
— Mas aqui não está escuro coisa nenhuma, seus anõezinhos estúpidos! — disse Lúcia. — Será que não percebem? Vamos, levantem o rosto! Olhem ao seu redor! Será que não veem o céu, as árvores e as flores? Vocês não estão *me* vendo?
— Ora, vá tapear outro! Como é que eu posso ver uma coisa que não existe?
— Pobrezinhos! Que coisa terrível! — exclamou Lúcia. Então ela teve uma ideia. Saiu e colheu algumas violetas silvestres.

— Escutem aqui, anões — disse ela. — Embora seus olhos estejam com algum problema, quem sabe o nariz esteja funcionando bem. Que cheiro é este?
Ela inclinou-se e aproximou do narigão de Ranzinza as flores frescas, ainda úmidas de orvalho. Entretanto, teve de dar um pulo para trás a fim de evitar um soco do punhozinho pesado do anão.
— Mas que ousadia! — berrou ele. — Onde já se viu me passar um monte de palha imunda na cara?

A compassiva Lúcia está desesperada para ajudá-los a ver e sentir como ela, mas sem resultado. Grita entre lágrimas para Aslam quando ele chega perto deles: "Será que você não podia... por favor... faça algo por estes pobres anões..." "Minha querida", disse Aslam, "vou mostrar-lhe tanto o que eu posso quanto o que eu não posso fazer". Contudo, o que quer que ele tenha feito para os desditosos anões foi mal interpretado, e a última palavra deles é de lamentável triunfo:

— Bem, pelo menos aqui não há nenhuma trapaça. Não deixamos ninguém nos levar no bico. Vivam os anões!
— Viram só? — disse Aslam. — Eles não nos deixam ajudá-los. Preferem a astúcia à crença. Embora a prisão deles esteja unicamente em suas mentes, eles continuam lá. E têm tanto medo de ser ludibriados de novo que não conseguem livrar-se (C. S. Lewis, *A última batalha*).

Seríamos pessoas excepcionais se não tivéssemos um pouco de anão escondido mentalmente dentro de nós, recusando um compromisso pleno com a crença, com a pura confiabilidade do Amor. Lewis seleciona a palavra inesperada "astúcia" para justapor a "crença", de uma forma que provoca reflexão. Bem no íntimo de todo coração humano — a menos que ele tenha sido profundamente purificado — esconde-se uma astúcia dissimulada, irreconhecível, muito hábil em autoengano e subterfúgios. É o adversário total da crença. É a astúcia do orgulho, do sangue-frio, da arrogância. Viver plenamente nossa herança, viver unicamente pela fé do Filho de Deus, viver a vida de Jesus — tudo isso parece belo (e realmente é belo, além de nossos sonhos mais românticos), mas na prática dá um golpe mortal no orgulho humano. É por isso que tantos, frente a frente *na realidade* com o despojamento de si mesmo que a vida em Jesus exige, não caminham mais com ele — não no sentido de deserção completa e negação de crença, mas antes porque disseram "Não" à *cruz dele*, embora carreguem muitas outras cruzes supostamente em nome dele.

Cada um de nós tem a escolha de viver pela fé ou viver pela "carne". Viver pela "carne" é viver dentro dos limites de nosso potencial, dentro dos limites de nossa percepção e nosso entendimento conforme a aparência das coisas e a sensação que elas dão, conforme nossa *experiência* natural. Para nós, é instintivo viver assim, achando natural confiar em nossa experiência consciente, achando que é desse jeito que as coisas realmente são, que nós somos, que Deus é — que assim *é* nossa vida. Queremos permanecer nesse nível porque ele está ao nosso alcance, é "nosso" e dá uma espécie de tranquilidade e segurança. Isso é tão natural para nós, mesmo para nós religiosos, que não percebemos que grande parte de nossa vida é vivida a partir de nós mesmos, confiando em nós mesmos e não na fé no Filho do homem. Só com nosso esforço não conseguimos nos livrar desse orgulho e dessa arrogância profundamente arraigados. Só o Espírito Santo do Crucificado e Ressuscitado pode fazer isso e é o que, na verdade, ele sempre tenta fazer. Mas precisamos reconhecer seu trabalho e responder "Amém". No evangelho de João, Jesus fala de *trabalhar* pelo "alimento que dura até a vida eterna" (Jo 6,27). Uma audiência camponesa conheceria muito bem o significado de trabalho. Temos de trabalhar para fazer a "obra de Deus". "A obra de Deus é que acrediteis naquele que ele enviou" (Jo 6,29).

A vida mística, no sentido teológico, não deve ser identificada com estados específicos de consciência. É antes — como já mencionado — uma questão do Espírito Santo de Jesus trabalhar em nossas profundezas, profundezas inacessíveis a nós mesmos. O Espírito purifica-nos de tudo o que não é de Jesus e ao mesmo tempo aumenta constantemente nossa aptidão para a vida divina de Jesus. Essa vida mística é o que Deus quer para nós e nos oferece sempre, mais plenamente pelos sacramentos. Mas há também outro veículo indispensável para essa união mística: a oração pessoal focalizada.

Oração não é apenas uma atividade nossa; é uma dádiva. Não é comunhão com uma divindade não identificada — se esse fosse o caso, tudo dependeria de nosso esforço, de fazermos direito, e a única certeza válida de o termos feito seria nossa experiência. Ao contrário, oração é comunhão com o Deus e Pai de Jesus por meio de Jesus no Espírito Santo — comunhão que está *ali*, para ali sermos levados. Não temos de descobrir o segredo de obter entrada; já estamos dentro daquele amor envolvente. Tudo o que temos a fazer é afirmá-lo. Nossa fiel "assistência" a ele, dia após dia, assegura que sejamos atraídos cada vez mais profundamente para ele. O que registramos em nossa mente e em nossas emoções não é nenhum critério de fracasso ou sucesso. O "sucesso" está garantido. A importância dele não está em nós, está em Deus — no Deus de fidelidade absoluta. Deus jurou total dedicação a nós. Nossa oração é Amém. Nossa permanência "ali", recusando-nos a ser presunçosos na oração ou ansiosos a respeito de como estamos nos saindo, é maravilhosa afirmação das puras bondade e fidelidade de Deus. Nosso período diário de oração pode parecer infrutífero, mas com certeza não é. Ele nos torna abertos à sabedoria divina — a Cristo, que é a sabedoria e o poder de Deus —, sabedoria contrária à mera sabedoria humana, ainda que nobre, e nunca entendida por ela. É a sabedoria do crucificado — pura loucura, escandalosa! —, sabedoria que vê o amor divino e a ação do amor onde a sabedoria natural o ridicularizaria ou se esquivaria desgostosa. A sabedoria divina nos persuade delicadamente a nos deixarmos ser purificados do egoísmo, ser consolados em nosso desamparo e nossa pobreza; persuade-nos a entregarmos o controle e a nos abandonarmos cegamente ao amor. Sem esse período de oração, dificilmente é possível nossa fé nos sacramentos ter a profundidade que nos permite recebê-los proveitosamente. Nem é provável que, na monotonia de nossa vida cotidiana, consigamos reconhecer e responder à dádiva de si mesmo que Deus nos faz.

Nossos sentidos não apoiam necessariamente nossa vida de fé; ao contrário, podem bradar rejeição. Deus deseja ardentemente que vivamos pela fé de Jesus. Somos cegos; é essa a condição humana decaída. Nós não "vemos" Deus, mas Jesus vê. Deus fez *dele* nossa sabedoria. Decidimos viver por seu "conhecimento" do Pai, sua fé — uma fé que foi expressa em total abandono a seu Pai e na confiança n'Ele durante todas as vicissitudes da vida e supremamente em sua aceitação da morte pela crucificação. A "extraordinária grandeza do seu poder" pela qual Deus Pai realizou a exaltação de Jesus opera agora em nós que cremos (Ef 1,17-23). Somos capacitados para viver nossas vidas nesta convicção sempre, não apenas às vezes — e não apenas em alguns assuntos, mas em todos. A Encarnação significa que a vida humana é infinitamente santa. Todo momento é uma oportunidade para Deus nos amar e para nós respondermos a Seu amor. Como é fácil às vezes, talvez muitas vezes, sentar em um monte desagradável como os Anões na história de Nárnia, recusando-nos a crer, "a ser levados para dentro". "Não violetas — estrume de estábulo!"; "não pão — pedra dura!"; "não um ovo — escorpião que ferroa!" Assim passam despercebidas oportunidade após oportunidade de receber o Amor de Deus, desperdiçadas para sempre.

O amor divino encontra-nos no mundo real e em nenhum outro lugar; neste momento, *nesta* circunstância, embora ela possa ser dolorosa e humilhante; *nesta* pessoa; na sequência diária nada empolgante de aparentes trivialidades que não proporcionam nenhuma medida de autogratificação. O amor divino encontra-nos aqui em nossa condição humana imperfeita, sofredora, e em nenhum outro lugar. Embora nossa teologia da Encarnação seja correta, sua integração em nossa vida não é fácil. Malle, a serviçal visionária no livro de Hilda Prescott, *The Man on a Donkey*, cisma em voz alta para o garoto imbecil, Wat:

> Wat [...] você já pensou que Ele maculou-Se, aviltou-Se, não só estando com os homens, mas sendo Ele próprio homem. O que é isso, ser homem? Olhe para mim [...] Ele era homem, é homem, o Criador fez-se criado. Deus deixou de ser Deus por Suas próprias mãos. Ele foi Deus desde o princípio e agora para nunca mais voltar a ser puro. Nunca mais. Ai de nós! [...] Tudo foi atingido com Ele. O amor, frágil como fumaça, lancinante como agulha — quase — aqui. Ele que é luz veio no barro [...] Assim, aquelas vacas castanhas lá longe, e a grama, e nós, tudo o que é carne, pois Ele é carne, agora são irmãos de Deus.

Não podemos entender como Deus deseja ardentemente que sejamos transformados na imagem de Seu Filho, apenas para que nos tornemos quem realmente somos no plano eterno de Deus. Nestas circunstâncias, consciente ou inconscientemente, assumimos uma identidade — um "eu" que nos é precioso e precisa ser guardado zelosamente com todas as manobras que a sabedoria natural imaginar. É a esse "eu" que precisamos morrer para tornar realidade as palavras de Paulo: "... eu vivo. Mas não mais eu: *Cristo* é que vive em mim" (Gl 2,20), a sabedoria paulina sobre a cruz que substitui toda sabedoria humana. Morremos com Cristo, fomos sepultados com Cristo, apenas em princípio; o que é verdade em princípio tem de se transformar em puro fato. Em essência, é obra divina, mas exige de nós — como já foi dito — constante cooperação generosíssima, um "sim!" obediente. É necessário grande confiança para permanecer convencido de que essa obra divina continua: nos sacramentos, na oração, em nossa vida cotidiana de amor abnegado por nossos irmãos e irmãs. Essa obra opera em segredo, mas por isso mesmo com mais eficácia, cinzenta e desinteressante, exatamente como dramáticas "noites escuras". Temos certeza de que o "ordinário" — nossa vida particular, nosso temperamento e nossas circunstâncias — é o campo perfeito para ela. A sabedoria humana busca avaliar resultados, indagar se estamos "realizados" — e se isso não acontece ela manipula a vida e outras pessoas para assegurar que aconteça. A sabedoria humana presume que conhece a forma da realização humana e como alcançá-la. Incentiva-nos a fugir dos aspectos humilhantes e insatisfatórios da vida; a buscar meios de oração mais compensadores; a buscar o que nos faz sentir bem e até santos; e a nos esconder de um autoconhecimento que nos despe da autocomplacência e nos deixa pobres, ímpios, insatisfeitos.

Como é importante aceitar a destruição da imagem espiritual que temos de nós mesmos! Quando ela está ameaçada, reagimos como gatos escaldados. Recuamos, andamos às apalpadelas, em busca de um caminho para fugir, e então começamos a fazer o possível para nos reintegrar. O que o Espírito de Jesus nos pede para fazer é aceitar a desilusão com amor e confiança. Que importa que estejamos esfarrapados e aviltados quando temos Jesus como nossa santidade? Há apenas uma santidade, e ela é Jesus. Sua santidade está ali para nós, e assim podemos ficar felizes por não ter uma santidade própria, uma que pudéssemos desfrutar — de qualquer modo ela seria ilusória.

A obra profunda de purificação é feita para nós. Nem ao menos vemos o que precisa ser feito e qualquer tentativa direta de nos livrarmos de nós mesmos só aumentaria nossa vaidade. O "sim" será custoso, mas o "sim" de Deus para nós também foi custoso, e só gradualmente perceberemos como foi custoso. A mão divina precisa alcançar nossas entranhas e nos arrebatar de nós mesmos.

> Ó almas desejosas de andar seguras e consoladas nas coisas do espírito! Se soubésseis quanto vos convém padecer sofrendo, para alcançar esta segurança e consolo! E como, sem isto, é impossível chegar ao que a alma deseja, antes, ao contrário, é voltar atrás, jamais buscaríeis consolo de modo algum, nem em Deus, nem nas criaturas. Carregaríeis, de preferência, a cruz, e, nela pregadas, desejaríeis beber fel e vinagre puro e o teríeis por grande ventura, vendo como pela vossa morte ao mundo e a vós mesmas viveríeis para Deus, em deleites espirituais. E assim, sofrendo com paciência e fidelidade este pouquinho de trabalho exterior, mereceríeis que pusesse Deus seus olhos em vós, para vos purificar e limpar mais intimamente, por meio de alguns trabalhos espirituais mais interiores, com o fim de conceder-vos graças mais profundas. Na verdade, hão de ter feito muitos serviços a Deus, com grande paciência e constância em seu amor, tornando-se muito agradáveis diante dele pela vida e pelas obras, aqueles aos quais o Senhor faz tão assinalada mercê, como seja a de tentá-los mais interiormente para avantajá-los em dons e merecimentos (São João da Cruz, *Chama viva de amor*, 2,28).

Repetindo: "sofrimento" e "mortificação" existem em todas as vidas; não temos de fabricá-los. "Morte ao mundo" não significa voltar as costas a uma vida totalmente secular, se essa for nossa vocação; significa renunciar à sabedoria meramente humana, que tem suas raízes no orgulho, a fim de viver pela divina sabedoria que é Jesus Cristo, e Jesus Cristo crucificado. Quanto mais pensamos no Novo Testamento, mais admiramos a abnegada "loucura" do amor de Deus por nós. Quando Deus se torna humano é como o sacrificado, aquele que sacrifica voluntariamente a vida em amor. "Quem me vê, vê também o Pai" (Jo 14,9). Não temos de dizer que Deus Se sacrificou ao criar o mundo, ao se tornar "nosso Deus"? É como se a abnegação — que afinal de contas é a lei de todo amor genuíno — estivesse nas profundezas da Realidade Divina, do Ser Supremo que é Amor. Ser levado a esse Amor, viver com a vida de Deus, deve forçosamente significar que o sacrifício também se torna nosso modo de ser. Deus amou tanto o mundo que não ocultou nada de nós, nem mesmo Seu Filho. Amém para essa inestimável dádiva daquele que foi transformado em nossa sabedoria, nosso fundamento, nossa santidade e nossa redenção. Nada nos falta. Tudo é dado. Fortalecei-nos, Ó Dádiva, para sermos um alegre Amém.

capítulo oito
Distrações na oração

Pediram-me para dizer alguma coisa a respeito de minha batalha pela oração e, em especial, que distrações eu tenho, como lido com a aridez e outras tentações que enfrento na oração — e como as supero.
Apesar dos convites, não creio que os leitores queiram entediar-se até as lágrimas com um relato do que se passa em minha cabeça durante a oração! As distrações são minhas companheiras persistentes na oração; mas aprendi que a oração não acontece na cabeça, no cérebro, mas sim naquele coração recôndito que decide rezar e permanecer na oração, não importa como eu a sinta ou como ela me pareça. Estou totalmente convencida de que nosso Deus, o Deus que vemos em Jesus, é todo Amor, todo Compaixão e, principalmente, todo Dádiva; sempre oferece a Pessoa de Deus como nossa perfeita realização. Creio, por meio de Jesus, que fomos feitos para isso e que é a paixão do Amor Divino trazê-lo à perfeita realização em nós. Assim, quando me ponho a rezar, baseio-me nessa fé e recuso-me a abandoná-la. Simplesmente acho natural que, porque Deus é o Deus de Jesus, todo Amor, que cumpre toda promessa, esta obra de amor continua, purificando-me e gradativamente me transformando. O que realmente experimento em meu nível consciente não tem importância nenhuma. De fato, não experimento nada, exceto meu pobre e distraído eu.

É questão de confiança cega; não confiança desesperada, mas o tipo de confiança sem malícia, inabalável que uma criança tem em bons pais. Não vejo nada do que se passa, se o jardim interior é ou não belo e viçoso, e desisto de todo desejo de vê-lo, pois quero que Deus o tenha todo. Você vê, isso significa que nunca tenho nenhuma ilusão que seja o que for que aconteceu e acontece comigo é realização minha. Minha parte, aquele pouquinho que posso fazer, é simplesmente nunca desanimar, nunca desistir nem por alguns minutos, não importa que eu me sinta muito desgostosa comigo mesma, não importa se permiti que minha mente se demore no que me agradou em vez de olhar para o Nada que minha fé me assegura ser meu Tudo. Continuo a me recusar a tirar a cabeça do seio de Deus (penso no quadro pintado por Rembrandt do filho pródigo com a cabeça pressionada contra o coração do pai, e creio ser essa obstinada confiança cega o que Nosso Senhor quer mais que tudo.

Assim, admito existir uma tentação para a ansiedade e o desânimo. Ela não poderia nunca levar-me a desistir da oração, mas eu poderia perder tempo nela, demorando-me em mim mesma, em vez de me atirar ao amor de Deus. Antes, ela poderia ter me levado a buscar algum outro modo de lidar com a oração que assegurasse que este meu interminável cacarejar tinha bastante com que ocupá-la, mas vim a entender que, para mim, seria um jeito de me esconder de Deus, esconder de mim mesma minha imperfeição espiritual. A verdadeira oração é totalmente sincera. É o que a torna difícil. Temos de estar ali diante de Deus como realmente somos, talvez agitados, preocupados, em desordem emocional. É essa a pessoa que coloco diante do olhar amoroso de Deus; é essa a criaturinha que Ele ama e com quem tem de lidar. Dessa maneira, o que geralmente se consideram tentações transformam-se em verdadeira oração.

capítulo nove
O caminho da perfeição

Na festa de São Francisco de 4 de outubro de 1582, no convento das Carmelitas Descalças em Alba de Tormes, Teresa de Jesus tranquilamente sangrou até morrer, serena no rochedo da própria humildade, sem pretender nada além da misericórdia e da bondade de Deus. Ela nunca perdeu a consciência, mas permaneceu em oração com um crucifixo na mão. Os que a rodeavam entenderam algumas palavras murmuradas: *"Cor mundum... Cor contritum... Ne proicias me"*. Por volta das nove da noite ela morreu. (A noite de sua morte coincidiu com a reforma do calendário gregoriano pela qual foram suprimidos dez dias; assim, 5 de outubro passou a ser 15 de outubro.)

Teresa deixou uma rica herança para a Igreja e o mundo, de um valor que não pode ser facilmente avaliado, mas duas dádivas são particularmente relevantes hoje. Graças a sua capacidade de se expressar com originalidade e força, Teresa revelou-se com generosa liberalidade. Sua personalidade calorosa e radiante brilha sem sombras em todos os seus escritos, mas especialmente em suas cartas. Temos, mesmo agora, quatrocentas delas. Ali encontramos uma revelação totalmente desinibida do que é realmente a santidade.

Embora teoricamente não acreditemos, muitos de nós temos dificuldade para ver a verdadeira face da santidade. Instintivamente, nós a afastamos de tudo o que, como diríamos, é natural ou "mundano" demais. Naturalmente, aceitamos que um santo seja humano, mas de modo geral achamos impossível assumir todas as implicações disso. Não aclamaríamos prontamente como santa uma astuta mulher de negócios que assumiu a gestão dos negócios financeiros do irmão porque entendia mais dessas coisas que ele, ou a mulher que estava bem consciente de seu encanto cativante e nunca pensou em ficar na penumbra, mas sempre mostrava todo o seu brilho, para deleite de todos os que dela se aproximavam — mais que isso, que conscientemente empregava esse encanto para alcançar seus objetivos. Nem prontamente associamos com santidade a mulher que admitiu desavergonhadamente sentir-se magoada quando seu amor não era correspondido, às vezes ofendida e zangada. Mas é aqui que encontramos uma coisa essencial à santidade, mas pouco apreciada. A vontade de Teresa identificava-se com a de Nosso Senhor e assim, tudo o que ela era, seus muitos dons e suas fraquezas, era levado para a órbita de seu amor e sua dedicação. União com Cristo não significa tornar-se alguém diferente, renunciar a nossos dons, mudar nosso temperamento, mas sim pôr tudo o que temos em nosso amor por Deus e abrir tudo o que somos à sua influência transformadora. A perspicácia de Teresa para os negócios, seu encanto, sua sagacidade, tudo foi reunido no oferecimento de si mesma a ele. E acima de tudo são suas cartas que revelam sua personalidade magnificamente versátil; ali também, é revelada sua santidade.

Para esta mulher, Deus, revelado a ela em Jesus, é a única Realidade. Ela sempre viveu em comunicação direta com a Realidade. Tudo o mais — pessoas, acontecimentos, coisas comuns como remédios, fogões, ações judiciais, doenças, um lagarto no trigal, uma linda manhã de maio quando os pássaros cantam, o frio, a chuva, as enchentes (causa de tanto sofrimento), o desconforto dos carros sem molas nos quais ela viajava, as estalagens ruins —, todos os numerosos acontecimentos de sua vida eram reais para ela, só tinham sentido para ela em Deus. Teresa alcançou o pleno potencial da pessoalidade; o que ela era destinada a ser, ela se tornou. Isso é santidade. Seja qual for nossa estatura, grande ou pequena, sejam quais forem nossos talentos, muitos ou poucos, tudo precisa ser entregue a Deus, unificado, dirigido pelo desejo de fazer de Deus nosso tudo. Teresa não tinha medo de ser humana. Ela não deixava enfraquecer nenhum dom que Deus, por meio de circunstâncias, lhe pedisse para desenvolver. Ela o desenvolvia, destemida, olhando só para ele, procurando sua aprovação, não se perguntando se estava ou não agindo de acordo com uma imagem de santidade. Aquele tranquilo sangramento até a morte de câncer do útero tem mordacidade própria. A causa médica de sua morte foi escondida das monjas, presumivelmente porque parecia indigna de uma santa; natural, terrena, sexual demais.

Esta mulher magnífica, toda realizada em Deus, derramou tudo o que tinha, dons naturais e divinos, na criação de seu Carmelo, e aqui está contido outro de seus importantes legados ao mundo. A mente de Teresa era a mente de Cristo, sua visão era a dele e, tendo entendido que a essência da santidade é a da perfeita humanidade, ela estava decidida a estabelecer um modo de vida no qual todo aspecto visasse diretamente a essa santidade. Tudo o que não fosse dirigido unicamente para esse fim seria eliminado. Ela escrevia detalhadamente, em caracteres nítidos, o próprio abecê da santidade. Sabia de um modo ardente e vivo que somos só para Deus e nos tornamos nós mesmos somente nos entregando a Deus. Essa entrega significa, simplesmente, uma escolha progressiva da vontade de Deus a todo momento, seja qual for a forma em que ela se apresente. E isso, por sua vez, exige desprendimento contínuo de tudo o que não é Deus. Todas as complicações do coração humano têm de ser desembaraçadas ou rompidas; a deformação comum inerente ao ego humano tem de ser revertida para que a vontade de Deus seja reconhecida e livremente adotada.

Teresa entendia o que significa ser solitário. É uma coisa do coração quando um homem ou mulher aceita viver exposto sem proteção ao Deus vivo. Essa exposição, esse esvaziamento e essa pobreza são o pré-requisito para a confiança pura somente em Deus e todo o assunto do Evangelho. A solidão material em si não opera essa exposição. Teresa percebeu que a solidão podia até mesmo proporcionar uma fuga dela. Em sua longa luta para entregar-se a Deus, ela aprendera o papel essencial que os outros desempenham em nosso avanço para a santidade. A Regra que ela estava restaurando tinha, em grande parte, estrutura eremítica, embora tivesse progressivamente adquirido alguns elementos populares. Longe de depreciar esses aspectos populares, Teresa os aperfeiçoou. Manteve admirável equilíbrio entre a solidão física e a comunidade. Deveria haver horas de oração solitária e de isolamento na cela, guardando-se rigoroso silêncio. Mas ao mesmo tempo ela estabeleceu uma vida comunitária cuidadosamente controlada. Assim, os perigos foram eliminados dos benefícios de ambos. O espírito do Carmelo é totalmente eremítico: estar a sós só com Deus, que é a própria vocação humana. Contudo, o elemento comunitário do Carmelo não é concessão à fraqueza humana, mas o meio principal de alcançar a verdadeira solidão. Ao nos mostrar um caminho especial, da maior claridade, Teresa nos mostra o Caminho todo.

Dentro do mundo pequeno e enclausurado do Carmelo há exatamente as mesmas ocasiões que no mundo mais amplo, quando nossas vontades são contrariadas, nosso amor-próprio é ferido, o que consideramos nossos direitos são desprezados, quando nos sentimos pressionados, ignorados, antipatizados. Há situações que provocam ambição, inveja, cobiça. A vida pode parecer desinteressante e monótona, a oração difícil, a convivência com outras pessoas desagradável. O modo carmelita de viver favorece uma fé profunda que inspira generosa aceitação e resposta a Deus nessas dificuldades e tentações. Talvez devido à intensidade da vida e da falta de diversão seu impacto seja mais forte. Santa Teresa entendia que tais acontecimentos corriqueiros, que ocupam todas as vidas humanas no claustro ou fora dele, serão usados por Deus para purificar-nos de nosso egoísmo se respondermos como devemos. Por meio deles tomamos conhecimento de nosso desamparo e de nossa pobreza e, na fé, confiantemente entregamos a ele essa pobreza. Coisas como prestígio, qualificações, ascendência de qualquer tipo não devem nunca transformar-se em garantias e fugas. No Carmelo, graças à sabedoria de Teresa, elas não podem existir.

É muito difícil para nós, seres humanos, aceitar nossa condição preponderante de pobreza, contudo ela nos pressiona de todo lado. Não podemos controlar nosso mundo: estamos à mercê dos outros e do que muitas vezes parece um destino sem saída. Até nossa própria pessoa nos escapa. Não somos o que gostaríamos de ser: imperfeições de todo tipo nos perseguem. Somos vítimas de males físicos e psicológicos. Ansiamos por ser senhores de nossas vidas, estar no controle, ser fortes e belos. Em uma palavra, deuses. A mensagem do Evangelho é boa-nova para os pobres: "Sê humano, não Deus". Apesar de revoltante para nossa natureza, a pobreza é abençoada quando é aceita, porque nos abre para Deus e nos faz perceber nossa necessidade de um Salvador. Conscientes de que nunca encontraremos satisfação em nós mesmos, somos movidos a olhar tão somente para ele. É aos pequeninos, os que até aceitam ser pobres, que os segredos de Deus são revelados. O Carmelo de Teresa existe para proclamar e proclamar novamente o que significa ser um pequenino no sentido evangélico.

Santa Teresa estava convencida de que seu Carmelo era completamente apostólico, que existia para os outros. Não é tanto questão de realmente formular orações quanto de viver a vocação humana comum a todos em tal profundidade de fé que a presença salvífica de Jesus torna-se presente no mundo. Parece que para muitas pessoas Deus está tristemente ausente da monotonia e do cotidiano. A carmelita que vive sua vocação está, de fato, proclamando: "Na verdade, o Senhor está neste lugar e nós não percebemos. Como é temível nosso mundo cotidiano! Nada menos que a casa de Deus e a porta para ele" (cf. Gn 28,16-17).

Muita gente faz uma ideia romântica do Carmelo. Os que entram nele logo perdem essa ideia. Quase sempre há o choque, quase escândalo, da mediocridade. Para Teresa, essa abençoada mediocridade é onde Deus está, onde o encontramos e nos entregamos a ele. A única coisa extraordinária do Carmelo é simplesmente isolar os componentes essenciais e vivê-los de modo intenso, absoluto, para o bem de todos. Pode parecer que há uma grande distância entre a monja carmelita e a política, a funcionária pública, a atriz ou a mãe de família. Falando do ponto de vista espiritual, não há diferença. Suas vidas têm os mesmos componentes; todas têm o mesmo caminho para a santidade.

capítulo dez
Doutor da noite escura

É significativo que, quando compartilhou a sorte de Santa Teresa d'Ávila no trabalho de reforma, Juan de Yepes, conhecido na vida religiosa como Juan de San Matía, tenha mudado seu nome para Juan de la Cruz. O que "da Cruz" significava para João? Parece que ele tinha verdadeira paixão pelo sofrimento, e parece também que ele o procurou para si. Para ele, tudo o que importava na vida era responder com todo o seu ser à doação que Deus faz de si mesmo. Como com Jesus, nenhum preço era alto demais. Melhor entrar na vida desfigurado e defeituoso, melhor perder o mundo todo que perder o que nos faz verdadeiramente humanos. "Em lugar da alegria que lhe fora prometida, ele suportou a cruz, sem fazer caso desse castigo vergonhoso" (Hb 12,2c). Para João, a cruz era essencialmente participação na cruz de Cristo.

A cruz é o misterioso desígnio de Deus para nossa glorificação. Não devemos identificá-la com a dor como tal. Sua significância está não no tormento físico e mental daquele que dela pendeu, mas em sua obediência, em sua entrega apaixonada a Deus; e devemos fazer nossas essa obediência e essa entrega. Temos apenas a palavra de Deus, a palavra de Jesus de que ela é pura bem-aventurança, participação real na felicidade de Deus e na plenitude da existência. Nossa resposta deve ser a fé, a obediência, a entrega em confiança. Somos chamados a uma realização que ultrapassa a capacidade de nossos poderes naturais não meramente de alcançá-la, mas até de concebê-la.

Esse chamado para compartilhar a vida de Deus define nossa existência desde o nascimento. Nascidos para a vida natural com o potencial para receber o próprio Deus, o signo da cruz está sobre nós. João entendeu com extraordinária clareza o que é, de fato, fundamental para a mensagem evangélica: que só Deus nos leva para si; e ele descobriu as consequências com uma lógica implacável.

Nascemos para morrer, contudo temos um apego tenaz a nossa existência natural, necessidade para o mundo criado e desejo de felicidade, segurança, realização, conforme concebemos essas coisas. Instintivamente, queremos viver a vida em nossos termos, em nosso mundo, não no de Deus. Mesmo quando pensamos que queremos Deus, geralmente é com nossas condições, nossas expectativas. Temos de morrer para esse egocentrismo. (São Paulo o chamou de "carne" ou "natureza".) O próprio Jesus nos diz que essa renúncia radical é impossível para nós. Somente Deus pode efetuá-la, e ele quer efetuá-la, pois ela é essencial para nossa felicidade. João viu claramente que Deus não opera essa obra de purificação de longe: é o efeito real da doação que Deus faz de si mesmo, um "influxo de Deus na alma, que a purifica de suas ignorâncias e imperfeições" (*Noite escura*, liv. 2, cap. V). Há um processo de substituição: a vida de Jesus, a vida de Deus substituem a do ego.

Não podemos ir tão longe a ponto de dizer que esse chamamento das criaturas da terra para transcender suas limitações naturais explica todo sofrimento, mas sabemos com certeza que qualquer tipo de sofrimento pode se tornar, na providência divina, um meio poderoso de purificação. Isso explica alguma coisa da paixão de João por ele:

> Se soubésseis quanto vos convém padecer sofrendo, para alcançar esta segurança e consolo! E como, sem isto, é impossível chegar ao que a alma deseja, antes, ao contrário, é voltar atrás, jamais buscaríeis consolo de modo algum, nem em Deus, nem nas criaturas. Carregaríeis, de preferência, a cruz, e, nela pregadas, desejaríeis beber fel e vinagre puro (São João da Cruz, *Chama viva de amor*, 2,28).

"Segurança", "consolo" — não são o que sempre buscamos, implícita ou explicitamente? Só se encontram em Deus. O sofrimento abala nossa suposta segurança, revela nosso desamparo, lembra-nos, muitas vezes com força cruel, que não podemos controlar a vida. Põe-nos, vezes sem conta, face a face com o mistério da vida, sua injustiça, sua confusão. Imagens superficiais de Deus são eliminadas. Deus não se adapta. Ele é enigmático, inescrutável em seus caminhos e até onde se trata de nossa experiência de vida nada o recomenda. Com Jesus, precisamos crer, completamente, que este Mistério insondável é o Amor e precisamos viver nossas vidas nessa fé.

O "influxo de Deus na alma", que justifica e transforma, é o que João quer dizer com contemplação mística. "Contemplação" porque abrange um misterioso conhecimento obscuro de Deus infundido no espírito humano, conhecimento que não pode ser entendido, mas que inevitavelmente inflama o mais íntimo do coração com amor e desejo, quase sempre muito secretamente. Essa mística contemplação não está reservada a uma pequena elite; não é nada mais que o próprio Deus, comunicando-se diretamente em amor, e é para todos. Tristemente, porém, nós o bloqueamos; não queremos Deus; queremos a nós mesmos e um Deus que se encaixe em nossos requisitos. Além disso, não estamos preparados para fazer o que pudermos a fim de preparar o caminho para ele:

> Aqui nos convém notar a causa pela qual há tão poucos que cheguem a tão alto estado de perfeição na sua união com Deus. Não é porque ele queira seja diminuto o número destes [...] antes quereria fossem todos perfeitos; mas acha poucos vasos capazes de tão alta e sublime obra [...] não os achando fortes e fiéis naquele pouquinho (São João da Cruz, *Chama viva de amor*, 2,27).

João toma um pente-fino e remexe em toda a nossa experiência humana. O efeito é semelhante ao que acontece com nossa suposição de que observamos os mandamentos quando lemos o Sermão da Montanha: a complacência é destruída e batemos no peito juntamente com o publicano. Percebemos que grande parte de nossa vida é vivida apenas instintivamente, egoistamente, considerando que

> [...] se lhe for oferecida aos sentidos alguma coisa de agradável que não tenda exclusivamente para a honra e a glória de Deus, renuncie e prive-se dela pelo amor de Jesus Cristo, que, durante a vida, jamais teve outro gosto, nem outra coisa quis senão fazer a vontade do Pai (São João da Cruz, *Subida do monte Carmelo*, I,xiii).

Queremos mencionar que não existe nenhum exemplo no Evangelho em que Jesus nos ensinou a infligir sofrimento a nós mesmos com propósitos religiosos. Ele nos liberta dessas práticas manipulatórias. A Igreja primitiva depressa rendeu-se a algumas delas, como se o peso absoluto da boa-nova fosse insuportável sem seu apoio. Jesus nos alivia da dúvida e da ansiedade que nos compelem a fazer essas coisas, dando-nos a gloriosa certeza do amor absolutamente *incondicional* de Deus. Aceitar isso com todo o nosso coração e apostar tudo nele é o desprendimento de que fala o Evangelho. Como é difícil! Mas estamos expostos à Compaixão Divina, não ao duro olhar de um feitor, e assim podemos aceitar sem ansiedade sermos responsáveis por todo pensamento, toda palavra e toda obra deliberados. Firmando-nos tão somente no amor de Deus, renunciando a todas as outras seguranças, quer de dentro, quer de fora, estamos satisfeitos em viver sem certezas, até com confusão. Hoje temos nossa própria "noite", pois o que havíamos suposto serem certezas religiosas, talvez até princípios básicos, desmoronou. No Ocidente, a Igreja que amamos e com a qual nos envolvemos perde rapidamente a credibilidade e podemos bem nos perguntar o que é certo, o que é confiável.

João compreenderia isso, mas nos mandaria reconhecer a maravilhosa oportunidade de agora termos profunda fé e confiança na única certeza que possuímos: o Deus de Jesus e sua fidelidade. O perigo é, claro, que em vez de nos deixarmos mergulhar em Mistério, no Deus que é sempre maior, estremeçamos e evitemos compromissos. Parte de nosso compromisso é reconhecer a necessidade da comunidade de fiéis que chamamos de Igreja e nossa responsabilidade para com ela, nossa necessidade do amparo da religião e, em especial, dos sacramentos. O compromisso com o Deus que veio a nós em despretensiosa humanidade nos persuade a suportar com humildade — embora sem abdicar de nossa responsabilidade pessoal — o jugo da instituição, mesmo quando ele quase parte o coração e força ao máximo a credulidade e a lealdade.

Cada um de nós tem uma vocação singular, humanamente falando, formada de herança, história pessoal, temperamento, talentos e nosso contexto presente. Somos chamados em nossa individualidade, com suas possibilidades, mas também com suas limitações, ao discipulado perfeito, para amar uns aos outros "como eu vos tenho amado". Ninguém pode dizer a outro como fazer isso. Cada um de nós precisa confiar no Senhor, desejar de todo coração agradá-lo, e então agir. Não nos é pedido nunca cometermos um erro, nunca darmos um passo errado. Nem Jesus nem João da Cruz aconselham atos de desprendimento como se, por si só, esses atos tivessem valor. Cada um precisa ter um propósito real. Jesus separou-se deliberadamente da imagem ascética de João Batista. Poderíamos fazer prontamente o julgamento: aqui, em João Batista, está o homem de Deus! Mas ali está um de nós — afeiçoado à comida e à bebida! Seja qual for sua outra importância, as refeições que Jesus tomava em companhia de amigos revelam sua simples aceitação do lado alegre da vida. Ele sabe que o Pai realiza sua obra de purificação e transformação dos corações humanos na vida normal, na qual homens e mulheres trabalham e se divertem, amam e se casam, comem e dormem. Ali o Reino de Deus está no meio de vós. Muitos de nós não preferiríamos orientação definida, regras de conduta, práticas ascéticas, mesmo inflexíveis, se, depois de praticá-las, pudéssemos nos sentir a salvo e nos descontrair? Mas Deus não quer isso. Ele quer que confiemos nele o bastante para viver com ele sem medo, totalmente indefesos em sua presença. Podemos sinceramente dizer que o ensinamento de João da Cruz tem como único objetivo conduzir-nos a essa pobreza íntima que é nossa verdade:

> E quando tivermos sido levados a nada, quando nossa humildade for perfeita, então terá lugar a união entre a alma e Deus, que é o estado mais elevado e mais nobre alcançável nesta vida (São João da Cruz, *Subida do monte Carmelo*, II, vii).

capítulo onze
Santa Teresinha e o Menino Jesus

Se não fosse por Jesus, o Mistério no qual estamos inevitavelmente envolvidos continuaria a ser para nós uma escuridão impenetrável e nossos corações um anseio interminável. De qualquer forma, nele vemos que o Mistério é amor absoluto, totalmente *incondicional* — como essa palavra é importante e como é difícil para nós "percebermos"! —, e que esse amor exige resposta apropriada, embora seja incondicional e uma coisa da qual jamais seremos privados. Jesus conhecia, como ninguém mais podia conhecer, a imensidão de amor pela humanidade que emerge do Deus que ele chamava de "Pai". Toda a sua vida e entrega na morte foi seu apaixonado "sim" a esse amor — amor grande demais para seu coração humano segurar sem se partir.

Teresinha do Menino Jesus entrou profundamente no mistério de Jesus, viveu sua curta vida entregue a ele e estava sempre refletindo nas palavras e ações dele. Entretanto, houve dois "momentos" da vida de Jesus que lhe revelaram a natureza íntima do amor e inspiraram e moldaram sua resposta: a infância e a Paixão. Em ambos, o Filho de Deus está indefeso, vulnerável, entregue a mãos humanas. Eis aí uma coisa que tomou conta de seu coração e na qual ela se apoiava incessantemente. O amor só pode ser amor e nada mais. Precisa oferecer-se desprotegidamente e ser recebido em sua desproteção. Teresinha entendia que a onipotência divina é a onipotência do amor, e só isso. Para ser fiel a si mesmo, precisa chegar até nós sem falsos ornamentos de poder, mas como é, pura dádiva de si mesmo que se humilha, despoja-se de "atributos" divinos (isto é, de todas as qualidades que *nós* ligamos à divindade) e "curva-se à insignificância para transformar essa insignificância em amor".

Parece que para a *pequena* Teresa — e era assim que ela se via sempre — em sua *vidinha* comum, era mais importante se relacionar com o Amor onipotente no *pequeno* Jesus. O Menino divino dependia para viver da amorosa proteção e dos cuidados de Maria e José, como qualquer criança humana depende dos pais. O que isso não dizia quanto à imensidão e à ternura do Amor divino! Vemos Teresinha expressando vezes sem conta a qualidade da ternura. O coração de Deus é mais terno que o da mais terna das mães. Ela mesma experimentara na família uma ternura infalível que a nutrira, guiara, protegera e apoiara. Como poderia essa ternura não existir em abundância e fluir do coração de Deus? Ela percebeu que essa ternura curva-se à fragilidade a ponto de experimentá-la conosco. E ela gostaria que purificássemos nossos corações de qualquer noção de uma divindade distante, indiferente e severa, um ídolo que pode se alojar! — ou mentir — dentro da psique humana, por mais bem informada que seja a mente. A ternura é resposta reverente, quase adoradora, ao que é fraco, pequeno, vulnerável, dependente. Anseia por afagar e proteger a frágil preciosidade e beleza de existir. Que pessoa humana não é imperfeita e frágil? O verdadeiro amor percebe isso e responde com ternura. Esse é o amor de Deus por todos nós. Ele está "envolvido", concentrado em cada um de nós e cheio de reverente ternura para conosco.

O amor divino aproxima-se de nós onde estamos e como estamos, semelhante a nós em tudo, exceto no pecado. Os cristãos primitivos entoavam um hino sobre Jesus esvaziar-se a si mesmo em solidariedade conosco e em sua obediência até a morte. Teresinha percebeu esse amor e entoou um hino a respeito dele no Menino Jesus. Nós a vemos retratada em uma fotografia segurando uma imagem dupla: de um lado o véu de Verônica com sua estampa da face machucada e sangrando de Jesus; do outro um menino de aparência um tanto magistral. Essa imagem do Menino divino não é o que Teresinha tinha em mente. Ela pensava em um menino, um menino ainda engatinhando, que precisa de cuidados, que precisa de brinquedos com os quais brincar — ela ofereceu-se como "brinquedo" para seu deleite; um menino que, sendo irracional, é caprichoso, pegando um brinquedo, enfiando alfinetes na bola, cansando-se dela, jogando-a de lado e esquecendo-se dela. Tudo isso soa infantil, se não ridículo. Quem de nós encontraria devoção ao pensar desse modo em nosso relacionamento com Deus? Contudo, por trás dessas imagens infantis está a realidade de um amor incomparavelmente generoso. Não havia nada de infantil na douta jovem adulta carmelita, completamente desligada de si mesma, inteiramente dedicada a Deus e aos outros. Teresinha nunca viveu uma vida adulta no mundo exterior e o Carmelo àquela época não oferecia uma ampla variação de leitura que teria expandido sua imaginação e suas emoções. Inevitavelmente, suas imagens tendem a ser tiradas da infância — e ainda por cima uma infância muitíssimo protegida. Contudo, apesar de todo o seu uso abundante das palavras francesas *petit/petite*, não havia nenhum sinal de trivialidade nesta esplêndida jovem.

Na ocasião em que tomou o hábito da ordem, Teresinha alongou seu nome. Tornou-se Irmã Teresinha do Menino Jesus *e da Sagrada Face*, isto é, da face sofredora e humilhada de Jesus, destituído de beleza humana, desprezado e marginalizado como os leprosos eram desprezados e marginalizados. Ali estava Deus, infinita Beleza, Bondade e Amor, *oculto, incompreendido, desprezado*! É impossível entender plenamente a devoção de Teresinha à infância de Jesus sem a ajuda de sua contemplação da Sagrada Face, e portanto é preciso dizer alguma coisa a respeito.

Não há dúvida de que o humilhante desarranjo mental de seu adorado pai, que começou logo depois que ela entrou para o Carmelo, deu dolorosa significância ao que já era uma devoção na comunidade. Às vezes aparentemente consciente de seu estado de saúde, M. Martin punha um véu sobre o rosto como se quisesse esconder sua vergonha. O mistério da divina Face desprezada apoderou-se cada vez mais de Teresinha à medida que ela experimentava a vida no convento, aumentava seu autoconhecimento e sofria. A Paixão de Jesus domina as cartas escritas para apoiar sua irmã Celina, que cuidava do inválido. Ao acariciar-lhe o rosto debilitado e enxugar-lhe as lágrimas, Celina, diz ela, vai ternamente em auxílio da face de Jesus. Havia um estigma ligado às doenças mentais, e as filhas estavam cientes dos murmúrios a respeito de "mania religiosa" e das insinuações maldosas de que fora a perda da filha caçula que levara o idoso pai à loucura. A jovem carmelita presenciou o rosto outrora distinto de seu "rei", agora "oculta" e "desprezada": um ícone de Jesus.

Para Teresinha, os mistérios da infância e o Homem das Tristezas expressavam ambos as mesmas verdades divinas: a inexprimível natureza do amor terno e compassivo de Deus por nós, amor que não cessa por nada, mas derrama seu tudo para nós e por nós e, ao mesmo tempo, o humilde anseio desse amor por uma retribuição de seu amor. Deus escolhe ser *necessitado*. E o que é mais necessitado que uma criança? Portanto, foi isso que ele se tornou. Assim, Teresinha aprendeu cada vez mais que nossa resposta é necessária para satisfazer essa necessidade do amor divino de ser amado. Nós e somente nós podemos libertar a imensidão do amor divino para fazer sua vontade, fazer justiça para ele: para apoderar-se de nossa insignificância e conduzir cada um de nós à feliz realização em seu amor. Somente isso satisfaz seu coração — e o nosso. O amor divino faz-se impotente quando cruza a fronteira "em forma humana", deixando a "divindade" do outro lado e, com ela, tudo o que isso significa em termos de poder e autoproteção. De agora em diante, o amor divino em pessoa está em nossas mãos para fazermos o que quisermos com ele. Sim, em sentido real, Deus é impotente no mundo. Ele só salva *por intermédio do* "homem", por intermédio de Jesus. E o Jesus ressuscitado continua sua missão por intermédio da Igreja, isto é, por intermédio da fé e do amor dos fiéis — de nós. Deus positivamente *precisa* de nós; sem nós ele é impotente. Ele não precisa de nossas obras, mas de nosso amor. E tem sede desse amor. Teresinha diria que nós que o conhecemos e o amamos precisamos esquecer de nós mesmos e dedicar nossa vida inteira para satisfazer essa sede divina: precisamos trazer-lhe "almas".

Teresinha saudou a impotência e o anseio divinos com ternura apaixonada; abraçou este "pequenino", seu Deus, em total degradação e envolveu-o em amor protetor. Encontramos nela uma assombrosa generosidade de amor. É somente Jesus que importa, nunca Teresinha! Esse processo começou em sua chamada "conversão", que, significativamente, teve lugar em seu décimo quinto aniversário, em uma noite de Natal. Assim, foi o Senhor recém-nascido, que se fez pequeno e fraco para ela, que a elevou de sua preocupação neurótica consigo mesma e lhe deu força. Em vão ela tentara superar a própria fraqueza; de repente, naquela noite bendita, aconteceu. Ela se viu milagrosamente mudada. Embora rico, ele se tornara pobre para podermos nos revestir de sua força. Teresinha experimentou essa verdade que a influenciou pelo resto da vida. Jesus transformou em "posso" seu humano "não posso". O que é impossível para os seres humanos é possível para Deus. Naquele momento, sua vida espiritual começou. Foi-lhe concedida luz para entender e sentir em seu íntimo como Jesus era pouco conhecido e amado, e ela decidiu passar a vida captando seu precioso sangue redentor e aplicando-o a "almas". Ela mesma começou a sentir sede com ele. Já não estava interessada em sua vida espiritual pessoal — isso ela podia deixar com segurança para Deus — mas todo o seu interesse era amar Jesus. Percebeu que é o amor dos que o amam que de modo misterioso e oculto "conduz as almas até ele".

Quando refletimos seriamente, não é verdade que, em grande medida, implicitamente presumimos que é para Deus enxugar nossas lágrimas, endireitar as coisas para nós, consolar-nos? Por trás disso não está a imagem de um Deus "Onipotente" que, se realmente quisesse, poderia fazer as coisas muito mais fáceis? Por que não o faz, se ele é amor? Ficamos petulantes e, ao menos secretamente, sentimo-nos decepcionados, maltratados. A doação não é toda de nossa parte? Por que ele não muda nosso estado interior, dá-nos consolação e mostra-nos que nos ama? Teresinha reverteu completamente esse egoísmo demasiado humano, e o que ela fez nós também podemos fazer. Nossa fé canta alegremente no Natal: "Vinde todos a Belém!" e, quando vemos em um recém-nascido o "Deus de Deus, Luz da Luz", nós o adoramos. Esta fé, e fé tão somente, nos revela e mostra Deus no que parece ser um não-Deus. Em Jesus temos a revelação plena, definitiva do esplendor divino em profundo mistério. Misteriosamente, onde parece que ele está mais oculto, ali ele deve manifestar-se mais verdadeiramente. Esta revelação continua. Deus vem a nós no que é humano, em nossa humanidade e na mediocridade de nossa vida cotidiana. É onde ele está para nós e em nenhum outro lugar. Não existe nenhum reino "místico" para o qual, se nos esforçarmos bastante, teremos o direito de ser transportados e onde nos sentiremos maravilhosos e não mais as pessoas pouco atraentes que somos. Teresinha viu o que deixamos escapar — talvez prefiramos não ver —, a preciosidade do que é costumeiro. Longe de querer alguma coisa mais "divina", ela positivamente amou o costumeiro; uma santidade oculta de si mesma, a santidade dos *pequeninos*. Isso, diz ela, "é o *mais verdadeiro* e o *mais santo*, e é o tipo que desejo". Ela contemplou a vida oculta de Jesus em Nazaré e a santidade de sua mãe, simples, oculta, sem constrangimento. Podemos estar rezando a um deus que não existe, "lá fora", desinteressado, que possa cuidar de nós, proteger-nos, cumular-nos de bênçãos de um tipo que entendemos. Mas o único Deus é o Deus de Jesus, que não dá nada menos que a Pessoa de Deus, e o único que satisfaz plenamente o coração humano. Eis a razão de Deus se ocultar, das trevas e da aridez que achamos tão enigmáticas e inquietantes. O Deus verdadeiro revela sua verdadeira pessoa *somente* no que é humano, e isso significa na própria base de nossa humanidade única e em nossa vida cotidiana. O tesouro do amor divino está à nossa volta aqui e agora, quem quer que sejamos e onde quer que estejamos. Tudo é oportunidade para recebermos e respondermos ao amor de Deus.

Teresinha viu esse amor desprotegido, singelo, vulnerável, entregando-se a nós e, contudo, encontrando falta de compreensão, se não desprezo. Onde clamamos: "Isto não é Deus", porque não queremos que Deus seja daquele jeito, ela estende os braços de seu amor àquilo que sua fé revela como o próprio excesso e loucura de amor divino. É esse o sentido de sua devoção à infância de Jesus, ao mistério de sua indigência. Jamais ela deve "magoá-lo" por falta de entendimento, por fazer um estardalhaço da aridez, das pequenas dificuldades da vida. O Menino precisa dormir, não seja egoísta tentando acordá-lo para que lhe sorria! Cabe a você afagá-lo e enxugar-lhe as lágrimas, não fazer exigências para ele com sua agitação, suas ansiedades por você mesmo! Teresinha reverteu completamente a atitude humana natural. Incentivava as irmãs que lhe pediam conselhos a afagar o divino menino, dar-lhe presentes de flores, sorrir-lhe e cantar para ele. Essas são suas imagens para uma vida prática de amor, fazendo tudo por amor e não por egoísmo, esquecendo de si mesmo a fim de fazer os outros felizes, não sendo obstinado, aguentando pacientemente os sofrimentos da mente e do corpo. É esse amor desprendido que misteriosamente permite que o amor de Deus entre nos corações que estão fechados. "O Todo-poderoso (nos) deu *como sustentáculo*: SOMENTE ELE MESMO; *como alavanca*: a ORAÇÃO que arde com o fogo do amor". É essa a força onipotente que "eleva o mundo". A lembrança do espantoso mistério da paixão de Jesus não domina a vida cotidiana de Teresinha; ao contrário, ela mantém um espírito leve, inocente, gracioso, brincalhão e chistoso. Teresinha nunca dramatizava suas dificuldades — elas eram pequenos aborrecimentos e só isso —, o Menino brincando com seu brinquedo!

Teresinha percebeu que a mediocridade era preciosa e essa percepção lhe foi dada para o nosso bem. Ela vivia inteiramente a mediocridade. Devemos levar muito a sério o que ela nos revela de sua fraqueza, sua insignificância e suas imperfeições. Ela é realmente uma de nós, tendo de suportar o fardo de sua humanidade singular. A ternura inefável de seu Deus ao decidir se tornar um ser humano, experimentando por si mesmo "como fizestes frágeis os filhos dos homens!", permitiu-lhe confiantemente reconhecer e viver na verdade de não ser Deus, de ser material, "da terra terrena", bastante incapaz de sozinha alcançar Deus. Essa é também nossa verdade, embora nosso orgulho relute em aceitá-la. No que é nosso *habitat* natural talvez sejamos confiantes e capazes, mas quando desejamos seriamente dar a Deus o primeiro lugar em nossas vidas começamos a nos ver de modo diferente. Não somos de modo algum competentes. Sentimo-nos inadequados. A revelação toda de Deus em Jesus nos dá a certeza absoluta de que Deus desceu até nós para nos elevar, para fazer por nós o que não podemos fazer por nós mesmos. Naturalmente, o que podemos fazer temos de fazer. Teresinha achava isso natural e sua generosidade não tinha limites. Precisamos procurar a vontade de Deus a toda hora e nos render a ela a qualquer custo. Mas, por mais que tentemos, não a alcançamos. Teresinha nos implora para entendermos que Deus só quer nossa confiança cega em que ele fará tudo por nós. Como uma criancinha, tudo o que podemos fazer, do ponto de vista espiritual, é erguer nosso pezinho para o primeiro degrau da escada e continuar tentando. Como a mãe, Jesus descerá e nos carregará em seus braços. "Ai, Jesus! Por que não posso contar a todas as *alminhas* como Tua condescendência é indizível? Sinto que, se encontrasses uma alma mais fraca e ainda menor que a minha (o que é impossível), terias prazer em conceder-lhe benefícios ainda maiores, desde que ela se abandonasse com total confiança a Tua Infinita Misericórdia".

Teresinha viveu sua verdade até o fim. Dezoito meses antes de morrer de tuberculose, de repente ela foi atacada por um sofrimento até então inimaginável: o completo obscurecimento de sua fé. Pela primeira vez ela enfrentou em si mesma a possibilidade da descrença total, a realidade do ateísmo: nenhum céu, nenhum Deus — nada; tudo o que dava sentido e alegria a sua vida virou passado. A menos que ela fosse defendida por aquele em quem ela sempre confiara para transformar em "posso" seu humano "não posso", ela se desesperaria, pecaria. Afirmando sua crença em sua realidade, ela manteve paz e renúncia constantes na horrível escuridão que ressoava com vozes escarnecedoras e irreverentes. A atitude de todo o seu ser focalizava-se em Jesus e afastava-se dela mesma. É Jesus que importa, não Teresinha. Sofrendo interna e externamente com uma intensidade insuportável, experimentando um despojamento que parecia não só físico, mas também espiritual, a "alegria" inocente e encantadora de Teresinha disfarçava toda a extensão de sua angústia. Sabendo que seu Amado se aflige com seus sofrimentos, ela gostaria de escondê-los até mesmo dele! Pouco antes de morrer, ela compôs uma canção, *Une rose éfeuillée* [Uma rosa despetalada]. Sua metáfora tipicamente graciosa não esconde a paixão de seu amor que se dá inteiramente, quando ela enfrenta a própria morte.

Uma rosa que acabou de alcançar a perfeição, ela deliberada, amorosa e ternamente desfolha suas pétalas aos pés do Menino divino, seu "Tesouro, Beleza Suprema", quando ele dá os primeiros passos em "nossa triste terra" e quando dá os últimos em direção ao Calvário. É esse o sentido de sua vida — ser toda para Jesus, para sua tranquilidade, para sua alegria. Isso não é simplesmente o *amor* de Teresinha. Teresinha é possuída pelo Amor e transformou-se ela própria em Amor.

capítulo doze
Pensamentos sobre o doutorado de Santa Teresinha do Menino Jesus

Em Santa Teresinha celebramos um fenômeno impressionante. Ela morreu antes de completar 25 anos; nunca saiu da clausura carmelita depois de nela entrar nove anos antes; foi canonizada com o que então era rapidez sem precedentes; saudada por Pio XI como a maior santa dos tempos modernos; de fato, há alguma santa mais popular? Além disso, ela é doutora da Igreja, ao lado do conjunto de solenes respeitáveis anciãos: Atanásio, Cirilo, Agostinho, Bernardo, para citar só alguns. Era uma assembleia exclusivamente masculina até que em 1970, Santa Teresa d'Ávila, nossa fundadora, e Catarina de Sena, membro da Ordem Terceira Dominicana, invadiram o reduto masculino — santas um tanto invulgares, é preciso admitir! E desde 1997, nossa Teresinha... Para se ter uma ideia de sua formação, o que se poderia chamar de pobreza intelectual e cultural, basta darmos uma olhada em parte da literatura publicada a seu respeito. Se não soubermos alguma coisa a respeito de onde ela vinha — que incentivo recebeu, a cultura, a atmosfera, o espaço histórico em que amou a Deus com tanta paixão e se entregou a Seu terno propósito —, não entenderemos o significado da própria Teresinha.

Qual é o significado de tudo isso? Por que é essa jovem tão importante na vida da Igreja? Por que é considerada doutora da Igreja, mestra da verdadeira fé, a fé de Jesus? Ela escreveu uma despretensiosa autobiografia. Originalmente, destinava-se a dar prazer a uma das irmãs mais velhas que fora eleita priora e a pedido de quem ela foi escrita. A priora que a sucedeu pediu a Teresinha que a concluísse. Seguiu-se outra seção contendo a maior parte de duas cartas que ela escreveu a sua irmã mais velha. O estilo, característico de sua classe e de seu tempo, engana muitas pessoas, privando-as dos tesouros que esse livro sincero contém. O mesmo vale para suas muitas cartas a membros de sua comunidade e a sua família, juntamente com as poucas que ela escreveu para fora desse círculo.

Teresinha foi pioneira, contrariando posições firmemente estabelecidas e firmemente mantidas a respeito da vida espiritual. Pode-se dizer com exatidão que ela aboliu a "vida espiritual" como era entendida (e infelizmente ainda é), como uma espécie de área especializada da vida humana, em especial da vida cristã: uma espécie de cultura espiritual que funcionava conforme regras próprias, tinha aspectos claramente definidos e divisões e subdivisões próprias. Em vez disso, Teresinha nos trouxe de volta ao Evangelho, com sua simplicidade maravilhosa, mas intimidadora, concentrando os olhos somente em Jesus e no *Abbá*, Pai, que ele nos mostra, e afastando-os de todo interesse em nós mesmos e nossas "vidas espirituais". Ora, isso é maravilhosa boa-nova para os humildes; mas é desagradável e irritante para os que, na verdade, usam Deus para elevar a própria imagem. Teresinha é muito, mas muito desafiadora quando entendida corretamente. Sua absoluta simplicidade nos deixa consternados.

Perto do fim da vida parece que Teresinha tinha certeza de que seu caminho, seu "pequeno caminho", como ela o chamava, destinava-se aos outros: a um vasto, inumerável exército de alminhas, gente comum. Ela almejava que todas as pessoas pequenas e comuns, seguidoras de Jesus, entendessem que a santidade absoluta era para elas, que cada uma delas era chamada à união mais próxima possível com Deus. As pessoas simplesmente não acreditavam nisso. Você acredita, realmente? Elas pressupunham que teriam sorte em apenas ir vivendo e que a santidade era para os poucos talentosos privilegiados — bem como para as grandes santas, Teresa e Catarina de Sena, que tiveram muitas visões e êxtases etc. Para começar, também Teresinha pensava desse modo e queria ser grande assim, heroica como Joana d'Arc, que ela tanto admirava. E então descobriu que isso simplesmente não funcionava para ela. Ela se sentia sempre (e devemos acreditar nela quanto a isso) como... bem, como nós nos sentimos! Cheios de emoções humanas, emoções que não parecem santas e talvez pareçam o contrário: pensamentos distraídos, quando deveríamos rezar; nenhuma sensação da presença de Deus, nenhum pensamento amoroso de fervor... oh, estamos tão longe de nossas pré-concepções do que a pessoa "espiritual" deve ser e de como deve se sentir!

Ora, desconfio que muitos de nós, bem no íntimo, achamos que gente como nós nunca alcança um imenso amor de Deus, que não estamos entre os escolhidos, os favoritos. E pode ser que bem no íntimo tomemos uma decisão, da qual nos desviamos com dificuldade, de, por esse motivo, não nos esforçarmos muito, não fazermos tudo o que pudermos. É onde nossa Teresinha intervém com paixão. Olhamos para nós mesmos, ela olhava para Jesus, para o que ele diz a respeito do amor do Pai por nós: os perdidos, os fracos, os doentes, os pecadores — seres humanos em toda a sua patética imperfeição. Ela fugia dessas percepções e reflexões naturais e desalentadoras e se entregava totalmente a Deus. Tinha uma confiança cega, firme e corajosa em Deus e veio a entender que isso conquistou o divino Coração como nenhuma outra coisa podia fazê-lo. Ela prendia o bom Deus "pelo coração", como ela dizia. Longe de desanimar com tudo o que experimentava a respeito de si mesmo, começou a perceber que o que ela chamava de sua pobreza, sua insignificância, seu nada, era de fato seu tesouro, desde que ela o abrisse todo a Deus com ilimitada confiança. Nunca devemos nos esquecer de que a experiência de si mesmo que Teresinha possuía era a mesma que a nossa. Teresinha, claro, experimentava a si mesma como Teresinha, e nós nos experimentamos como nós mesmos, mas preciso enfatizar que ela não fala de uma coisa que qualquer um de nós desconhece. Podemos nos esquivar de seu profundo desafio pensando que, apesar de tudo o que ela diz, ela não era como nós. Seu coração ardia de amor, ela sentia desejos intensos, era santa e nós não somos. Como isso a deixaria desconcertada! Uma de suas irmãs, ao ler o que ela escrevera sobre seu desejo de martírio e seus imensos desejos de amar a Deus e fazer o bem na terra, expressou objeções semelhantes terminando assim: "Nunca acreditarei poder amar a Deus como você o ama". Teresinha pôs mãos à obra, frustrada e aflita. Explicou que, quando escrevera as páginas específicas citadas, sim, ela sentira esses desejos, mas que não lhes dava valor. Poderiam desaparecer e isso não teria importância, mas ela sofreria danos se pusesse alguma confiança neles. Continuou e implorou: "Oh, acredite em mim!" A única coisa que Deus amava nela, disse, era vê-la amar a pobreza e a cega confiança que ela tinha em Sua misericórdia. "Essas são minhas únicas riquezas", afirmou, "e por que não podem ser suas também?". Ela faz o mesmo desafio a cada um de nós. Não nos dá nenhuma rota de fuga. O que ela fazia cada um de nós também pode fazer. Tudo o que ela fazia era o que "almas comuns" devem ser capazes de realizar. Não devia haver nada de extraordinário em seu caminho. É essa sua importância na Igreja; é por isso que ela é aclamada como grande mestra da fé — talvez a maior, quem sabe?

Nada de extraordinário. E contudo Teresinha é extraordinária em sua rematada generosidade. Falava a sério quando disse que queria amar a Deus totalmente. Falamos realmente a sério quando pensamos ou dizemos isso? Duvido que houvesse muita gente na vida religiosa se não houvesse alguma coisa desse desejo em nossos corações; mas em Teresinha esse desejo transformou-se em ação prática. Ela decidiu não recusar o mais insignificante sacrifício que Deus lhe pedisse e por isso ficava, naturalmente, à espera de oportunidades para se doar, para pôr os outros em primeiro lugar, para calar a boca e até o coração contra uma queixa, um resmungo ou crítica de outra pessoa. Todo o seu propósito era agradar o bom Deus que a amava tão ternamente. Nem sempre ela sentia esse amor, e perto do fim da vida mergulhou em terrível escuridão. Então, acreditou apesar do que sentia e esperou desesperando. Sua vida, como a nossa, era cheia de pequenos nadas: alegrias, tristezas, irritações, desapontamentos, surpresas alegres, trabalho a ser feito, às vezes agradável, às vezes maçante. A tragédia atingiu Teresinha — como mais cedo ou mais tarde atinge todos nós de uma forma ou de outra — na pessoa que ela mais amava na terra, seu pai, que sofreu durante anos de uma humilhante doença mental. Os dois últimos anos da curta vida de Teresinha foram marcados por grave sofrimento da mente e do corpo. Teresinha não desperdiçou nada dele, mas transformou tudo em amor, e nos exorta a fazer o mesmo. Do mesmo modo que Jesus, ela viveu sua vida humana nessa plenitude, como Jesus viveu a dele, com a certeza do amor do Pai. E essa fé sustentou-a o tempo todo, como sustentou Jesus durante sua terrível Paixão.

Cada um de nós nasce em determinado momento da história; temos nossa origem, nossa herança e nossa educação: todas as coisas que contribuem para formar uma vida humana única. Todos somos altamente condicionados. Mencionei de passagem a exiguidade cultural e intelectual da formação de Teresinha, em casa e no convento. Vista da nossa perspectiva, ela tinha imensas desvantagens. Pense nisto: ela nunca teve acesso à Bíblia como um todo, com certeza não ao Antigo Testamento. Tudo o que tinha era um livro de extratos cuidadosamente selecionados. Contudo, utilizou esses textos, neles encontrando luzes, interpretando-os não raro, na verdade, fora de contexto, mas para seu proveito espiritual. Ela tinha acesso ao Novo Testamento e nutria-se dele, mas não tinha nosso acesso a uma riqueza de erudição bíblica. Olhe para as imagens e obras de arte sagradas sentimentais, piegas até, que ela usava e sem dúvida amava! Olhe para suas pinturas açucaradas. A atmosfera toda nos parece tacanha e redolente de capas decorativas e rendas antigas. Essa era sua cultura; era parte da situação na qual ela vivia e, nesse sentido, era inescapável. Mas, como eu disse, ela usava tudo. E seu Deus fiel também usava tudo isso, para Se dar a ela. Isso é da máxima importância para cada um de nós. Não podemos nos desculpar dizendo que somos deficientes, ou que sofremos desta ou daquela desvantagem, ou que temos este ou aquele obstáculo à verdadeira santidade em nossas vidas. Mais exatamente, precisamos ver que cada um de nós tem em sua vida tudo o que é necessário à verdadeira santidade: os recursos, o ambiente com o qual e no qual amar a Deus com todo o nosso ser. É um caso de total confiança em nosso Pai amoroso que só anseia por nos santificar e nos fazer completamente felizes. Ao mesmo tempo, cabe a nós fazer uso de tudo, de cada oportunidade, até — podemos dizer principalmente — daquelas que parecem ser os obstáculos mais formidáveis. O papa João Paulo II declarou que Teresinha restaurou um vibrante sentimento de nossa adoção como filhos para todo o povo de Deus. Não precisamos nos esquivar desta expressão: "de Deus". Ela vivia como vive uma criança amada, com perfeita confiança em seu *Abbá*, seu Pai. Não há nenhuma razão pela qual cada um de nós não possa fazer a mesma coisa, se pelo menos usarmos tudo o que nos é dado e confiarmos nossa pobreza a esse nosso *Abbá* amoroso. Teresinha viveu em plenitude a imensa, ousada confiança que acreditava ser o único meio possível para alcançarmos um grande amor de Deus. Isso só pode ser recebido como pura dádiva, recebida em um coração vazio.

capítulo treze
Santa Isabel da Trindade
*Carmelita de Dijon, França, 1880-1906;
canonizada em 1998*

"Existe um Ser que é Amor, que deseja que vivamos em comunhão com Ele. Oh, Mama, é maravilhoso, pois Ele ali está fazendo-me companhia, ajudando-me a sofrer, incentivando-me a transcender meu sofrimento para com Ele repousar; faça o que eu faço e você verá como isso transforma tudo." Assim Isabel da Trindade, no século Isabel Catez, escreveu a sua amada mãe duas semanas antes de morrer.

Temos aqui somente mais uma das *wünderkindern* [crianças-prodígio] do Carmelo, como uma jovem irmã de minhas relações apelida os prodígios espirituais juvenis abundantes nos anais do Carmelo? O padrão de suas caminhadas para a "santidade" é espantosamente uniforme. Nascidas e criadas em famílias devotas, elas tomam consciência da vocação religiosa na infância; na adolescência fazem a Deus o voto de virgindade; logo que possível entram para o convento e a todos edificam com sua perfeição, seu espírito de oração e suas palavras de sabedoria generosamente concedidas. Ansiando por expressar seu amor a Deus no sofrimento, essas jovens devotas oferecem-se como "vítimas pelas almas" e então contraem uma doença mortal e conseguem o sofrimento que desejam, não raro durante o processo convencendo-se de que têm missão especial para o mundo. Sua dolorosa enfermidade é suportada heroicamente; elas morrem e vejam!... uma santa.

Tomemos cuidado. Em seu estudo minucioso de Santa Teresinha, *The Hidden Face* (A face oculta), Ida Görres revela o forte impulso em círculos religiosos para a "santidade" de um certo tipo. Dentro desses círculos, a criança podia voluntariamente cair vítima dessas expectativas, pois o que seria mais fascinante para uma menininha devota que a beleza, o romance de ser santa, de ser uma das amadas especiais de Deus! As enormes e ambiciosas energias psíquicas da juventude são profusamente derramadas no esforço e a privação, até mesmo o sofrimento são prontamente assumidos. Pense no que uma ambiciosa bailarina suporta para se tornar a *prima ballerina*! Não é fácil fazer a distinção entre o desejo apaixonado pela imagem de "santidade", o sentimento de ser especialmente favorecida e próxima a Deus e a doação sincera de si mesma a Deus. Görres mostra como tudo no ambiente de Teresa Martin — as influências espirituais de sua infância e do início da adolescência — cooperava para levá-la a esse falso caminho; e contudo, em dado momento, maravilhosamente iluminada, ela virou as costas para ele e a ele resistiu com consistência até o fim da vida. Teresinha percebeu como a busca de uma imagem de santa podia ser a força propulsora que motivava as pessoas religiosas e implorou a Deus para mantê-la afastada da ilusão e permitir-lhe permanecer sempre na verdade, vendo as coisas, inclusive a si mesma, como elas são de verdade. Incorruptível, permaneceu completamente autêntica, pobre de espírito, humilde de coração.

E Isabel? Muitos aspectos de sua curta vida encaixam-se no padrão *wünderkind* assim descrito. Entretanto, um estudo crítico, até cético, de seus escritos e de fatos comprovados de sua vida dão a convicção de que aqui está a coisa verdadeira, aqui está a santidade. É verdade que ela não tem o encanto de Teresinha, seu humor e sua alegria. Além disso, as 258 cartas preservadas que escreveu no Carmelo são "muito semelhantes": leia uma dezena e terá lido todas. O tom é uniformemente "elevado" e, quando lidas uma depois da outra, são, para falar com franqueza, enfadonhas. A única diferença no conteúdo é uma alusão sensível, compassiva à ansiedade ou necessidade pessoal de sua correspondente. Contudo, que coração cheio de bondade e generosidade elas revelam! Isabel é solene e leva a si mesma muito a sério, mas ninguém poderia duvidar da convicção apaixonada por trás de cada palavra.

O fenômeno da autêntica jovem santa força-nos a examinar nossas ideias de santidade. Não nos inclinamos instintivamente a considerá-la ligada a mérito e recompensa? Nossa reação natural é a dos trabalhadores da vinha: "Estes últimos só trabalharam uma hora... nós suportamos o cansaço de um dia inteiro de trabalho debaixo de um sol quente". E continuamos a comparar um santo com o outro: que vida dura este teve, tanto sofrimento, enquanto aquele teve uma vida fácil etc. Mas a santidade nada tem a ver com mérito nesse sentido, com duração de serviço ou graus de sofrimento por si sós. Não é nunca uma realização humana. A santidade é simplesmente a dádiva que Deus faz de si mesmo no amor, que se recebe e à qual se se entrega no amor. Isabel deixou Deus amá-la.

Isabel da Trindade era a filha mais velha de Joseph Catez e Marie Rolland. Joseph, filho de um trabalhador rural pobre, teve uma carreira bem-sucedida no exército, chegou ao posto de capitão e por fim recebeu o título de cavaleiro da Legião de Honra. Aos 37 anos desposou Marie Rolland, originária de uma família de militares. Ela tinha 33 anos. Seu primeiro noivo fora morto na guerra de 1870 e durante algum tempo Marie pensou em ser religiosa. Isabel nasceu em um acampamento militar; sua irmã Marguerite, "Guite", nasceu alguns anos depois. Marie não era, principalmente para aqueles tempos, uma jovem mãe. Como o marido militar ausentava-se com frequência, coube-lhe quase com exclusividade a educação das filhas. Além disso, Joseph morreu quando Isabel tinha sete anos e não é difícil imaginar como elas eram apegadas umas às outras, chamando a si mesmas o "trio" e se tornando tudo umas para as outras. Isabel tinha todas as características da criança espiritualmente precoce, e essa precocidade espiritual permitiu-lhe dominar seu temperamento feroz. Conforme o testemunho de sua irmã, ela era um "diabinho", dominada por ataques de fúria quando contrariada. Mesmo assim, aos sete anos de idade, ela confidenciou a um idoso sacerdote amigo sua determinação de ser religiosa.

Como madame Catez gostava muito de viajar, o trio desfrutou de agradáveis férias nas montanhas e no litoral. Isabel reagia com enlevo à beleza da natureza e começou a "sentir" uma presença divina que se espalhava por tudo. Tornou-se natural para ela comunicar-se com essa presença divina nos bosques e nas campinas, nas montanhas e no litoral. Deus estava em toda parte, mas principalmente dentro de seu coração. "Que eu permaneça", ela rezava, "naquele recesso oculto de meu ser onde Te vejo e Te sinto com tanta clareza". O que a princípio talvez fosse meramente um misticismo natural foi levado sem nenhuma ruptura a uma fé viva no Deus da Revelação, o Deus de Jesus. Seu nome era Jesus e em Jesus ela traçou as feições da divina Realidade e conheceu-O como Amor que dá a Si mesmo. Para ela, a Eucaristia era o sacramento dessa divina entrega. Todo o mistério de Deus e do amor de Deus que se derrama por nós encontrava-se nele. Parece que, em tenra idade, Isabel também recebeu o que podemos chamar de dom da oração em êxtase, uma espécie de conhecimento experimental do amor e da presença de Deus. Essa dádiva não é a santidade, mas um meio de levar a pessoa à santidade e tornar sua vida proveitosa para os outros. Deus dá a todos nós, sem exceção, dons destinados ao mesmo fim. O que importa é, como Isabel, usá-los plenamente — e como ela era maravilhosamente fiel a eles! Seu temperamento era o de uma musicista. (De fato, ela era pianista talentosa, e por esse talento sua educação geral foi negligenciada, pois sua mãe imaginava uma carreira musical para a filha mais velha.) Cheia de entusiasmo por toda forma de beleza no mundo natural, ela respondia com a mesma sensibilidade e a mesma paixão à visão do amor de Deus por suas criaturas.

Isabel manteve-se firme na decisão que tomara na infância, e aos dezessete anos revelou a madame Catez seu desejo de entrar para o Carmelo. Com o coração ferido, a mãe implorou-lhe que esperasse até ter 21 anos, na esperança de que, nesse meio-tempo, aparecesse um marido condizente que a desviasse de seu propósito. Isabel cedeu aos desejos da mãe. Só a seu diário ela confidenciou o custo dessa renúncia. Quanto à aparência, Isabel Catez era uma atraente jovem do mundo, sempre lindamente penteada e vestida, aproveitando longos feriados com os amigos nos *châteaux* que eles possuíam no campo, participando alegremente, assim parecia, de partidas de tênis, danças e passeios nas montanhas. Ao tentar avaliar sua resposta ao amor de Deus, sua entrega ao "menor desejo do Amado", é preciso dar o devido valor a esses três ou quatro anos de espera, suportando com tanta generosidade o que para ela era um "exílio". Bem-dotada espiritualmente, ela desenvolveu as graças recebidas e aprendeu o segredo de permanecer sempre na "cela" de seu coração, atenta ao Amado, até enquanto dançava. Sua concentração não passava despercebida, menos ainda pelos jovens! "Ela não é para nós. Olhe para aquela expressão", ouvia-se uns dizerem aos outros.

Aos 21 anos, Isabel conseguiu realizar o desejo de seu coração e entrou para o Carmelo. Quando alguém observou como devia ser difícil para ela desistir da música, ela retrucou imediatamente que o único sacrifício era deixar a mãe e a irmã. A tensão do período de espera, a consciência da dor que estava infligindo às pessoas que lhe eram tão caras afetaram-lhe a saúde. Entretanto, ao chegar ao Carmelo, ela sabia que "viera para casa" e nada poderia ofuscar sua felicidade. Agora ela estava livre para "viver sozinha com Deus", como Santa Teresa d'Ávila descreveu a vocação das carmelitas. Por natureza e pela graça, Isabel era extraordinariamente apta para essa vocação, e as circunstâncias eram felizes de todas as maneiras: a comunidade era bem equilibrada e fervorosa; a priora, embora inexperiente e jovem, era gentil, bondosa e com altos ideais para a comunidade. Isabel a amava. Como ela era a única noviça, a priora encarregou-se de sua formação e surgiu um relacionamento muito próximo. Isabel morreu antes de completar o período regular de formação, e assim nunca carregou os fardos e as responsabilidades que competem a membros habilitados de uma comunidade. Grande parte do tempo ela podia seguir sua inclinação natural de ficar isolada, rezando, escrevendo ou costurando, sempre em comunhão com o Hóspede de seu coração. Essa fidelidade ao recolhimento interior, que era sua vocação especial, não era fácil. A leitura minuciosa do que ela escreveu para os outros revela a disciplina que impôs a si mesma.

Depois de pouco mais de três anos e meio, a saúde de Isabel começou a decair e finalmente foi diagnosticada a doença de Addison. Essa horrível enfermidade devastou-lhe o corpo, mas durante oito meses ela suportou sua paixão com extraordinária serenidade e força moral. Somente à priora foi dado perceber alguma coisa de sua agonia. "Ela se sente tão covarde, covarde o bastante para gritar! Mas o Ser que é a Plenitude do Amor a visita, faz-lhe companhia, fá-la entrar em comunhão com Ele", Isabel lhe escreveu. Como sua companheira carmelita Teresinha do Menino Jesus, Isabel conheceu a tentação de suicidar-se. Precisamos nos lembrar de que essas jovens suportaram sua agonia sem nenhum analgésico ou calmante. Alguns dias antes de morrer, Isabel murmurou: "Tudo passa! No entardecer da vida, só o amor permanece".

A julgar pelo que ela escreveu parece que (apesar de não termos certeza), embora ela não fosse poupada de dias de dor e alguns períodos ainda mais prolongados de escuridão interior, a fé resplandecente era a norma para Isabel. Sua priora a chamava de "alma de uma única ideia". "Deixe Deus amá-lo", era o que em sua correspondência Isabel incentivava os amigos a fazer. Quase todas as suas cartas foram escritas para os que viviam no mundo. As palavras "Deus é amor" eram para ela, como de fato o são na realidade, o fundamento, o sentido de tudo. Deus é, de maneira misteriosa, inefável, uma comunhão pessoal de amor, uma Trindade, uma tripla autodoação mútua, que está além de nosso poder de imaginação, mas que é a fonte de tudo o que existe: vida e alegria saltando irrepreensivelmente e derramando-se para partilhar a si mesma conosco. Cada um de nós é uma criação desse amor; estamos aqui apenas para sermos amados e atraídos para esse vórtice de amor beatífico. "Deixe Deus amá-lo" — e na medida em que obedecemos somos santos, com a santidade de Jesus. Não existe outra santidade, não existe essa coisa de "minha" santidade na qual tenho satisfação: "Se vocês soubessem como sinto profundamente que tudo dentro de mim está aviltado, tudo miserável", escreveu ela.

O abraço de Deus, o amor de Deus santifica. Só podemos permitir, receber e fazer todo o possível para remover obstáculos — para dar atenção à vontade de Deus, que sempre se preocupa com nosso bem, com nos tornar capazes de recebê-Lo:

> Precisamos nos conscientizar de que Deus habita dentro de nós e fazer tudo com Ele, então nunca seremos comuns, mesmo quando desempenhamos as tarefas mais banais, pois não vivemos nessas coisas, nós as transcendemos. Uma alma sobrenatural nunca lida com causas naturais, mas somente com Deus.

Todo ser humano é criação única de amor e tem sua função insubstituível no glorioso plano divino de amor. Não existe essa coisa de competição; não tem sentido comparar este com aquele. Cada vocação é totalmente única, e temperamento, circunstâncias, todos os elementos que compõem *minha* vida são voltados para a configuração dessa "forma" específica que vai receber o amor de Deus e expressar Sua beleza de um jeito exclusivo, tornando-se assim louvor vivo da glória de Seu amor dadivoso: "Cada incidente, cada acontecimento, cada sofrimento e também cada alegria são um sacramento para lhe doar Deus".

Fosse qual fosse a experiência pessoal que Isabel tinha da presença divina, ela, não obstante, conhecia a dura luta de viver consistentemente pela fé. Como ela escreveu a sua irmã Guite, então casada e com dois filhinhos:

> [...] risque a palavra "desânimo" de seu dicionário de amor; quanto mais você sentir sua fraqueza e a dificuldade de recobrar as forças e quanto mais escondido o Mestre parecer estar, mais você deve rejubilar-se, pois então você estará doando a Ele [...] Que importa o que sentimos; Ele é o Imutável [...] Ele a ama hoje como a amou ontem e a amará amanhã.

Esse amor insondável ela contemplava em Jesus, crucificado por amor, e ansiava estar com ele na entrega total ao Pai quando rezava para receber o Espírito vivificante que lhe permitiria derramar-se em generoso amor pelo mundo.

> Eu gostaria de dizer a todos que fontes de força, de paz e felicidade eles encontrariam se apenas consentissem em viver nessa intimidade (Santa Isabel da Trindade).

capítulo quatorze
Carmelo, um sonho do Espírito

Talvez a maior contribuição de Santa Teresa à nossa herança cristã tenha sido a consciência irresistível que ela tinha do apostolado de santidade. Parece que a sua foi uma época de introspecção piegas: a ocupação com o próprio estado interior, com salvar a própria alma, evitar o inferno, abreviar o tempo no purgatório. Em seu amor, Teresa separou-se dessa asfixiante egocentricidade. Ela compreendeu que só a santidade é eficaz no mundo das pessoas. A mais brilhante argumentação, a pregação ou o zelo ativo não levam a lugar nenhum. Eles parecem ser eficazes porque cativam os sentidos durante algum tempo, mas só a santidade gera santidade. Só se comunicam com o reino aqueles em que o reino já habita.

Suas primeiras filhas, as que a conheciam melhor, atestam que o que estimulou Teresa a empreender a reforma do Carmelo e multiplicar suas fundações foi única e exclusivamente um impulso apostólico. Este continua a ser uma das características essenciais do Carmelo e sua força animadora: "Estou cheio de ardente zelo por Javé, o Deus dos Exércitos" (1Rs 19,10). E quando se tratava de suas filhas, Teresa compreendia que o zelo, o ardente ciúme do amor delas por Deus devia nascer, ser nutrido e expandir-se com a constante exposição ao Deus vivo: meu Deus é "Javé que vive, o Deus de Israel, do qual sou ministro" (1Rs 17,1).

"O zelo de tua Casa me devorará", foi dito de Nosso Senhor em sua vida mortal (Jo 2,17). Examinemos essa vida mortal e alguns ditos que temos certeza que ele mesmo proferiu durante a vida. "Como é difícil aos que têm riquezas entrar no Reino de Deus!", Jesus diz ao jovem rico (Mc 10,23). Observe a compaixão de Jesus. Ele sabe como é difícil para um homem entregar-se ao reino. Em nome de seu Pai, ele faz ao jovem que ama essa exigência, exigência cruel. Quando ela é recusada, ele expressa compaixão. A essa altura ele já tem amplas provas de que homens e mulheres não vão aceitar a boa-nova e um crescente sentimento de solidão o envolve. É como se ele próprio ficasse perplexo: não é difícil demais para eles? "Mas é estreita a porta e apertado o caminho que conduz à vida, e como são poucos os que o encontram!" (Mt 7,14). Alguém sabia exatamente do que ele falava? O que ele devia concluir desse terrível fracasso para levar as pessoas a responder? "Eu vim trazer fogo à terra", ele diz, frustrado além da conta porque isso ainda não aconteceu (Lc 12,49). Há apenas uma resposta, resposta desanimadora: ele precisa lançar ao Pai esse fardo. Uma radiante certeza brilha não obscurecida na escuridão, e essa é a vontade do Pai para nos levar até ele. Nada pode impedir isso, exceto a recusa absoluta e determinada de nossa parte. Nem nossa cegueira, nem nossa fraqueza — o Pai pode lidar com tudo isso e lidará. E então Jesus começa a ver que ele próprio precisa mergulhar nas profundezas da miséria humana e que Deus vai operar por meio dela — ele não sabe como. O grão de trigo precisa morrer.

Quando estava planejando seu movimento, Jesus fez uma coisa óbvia, especialmente quando percebeu que homens e mulheres em geral não respondiam. Ele selecionou um pequeno grupo de discípulos, exatamente como outrora Javé selecionara um povo para ficar perto dele e ao qual ele comunicou seus segredos para que ele se tornasse o meio de alcançar o mundo todo. A mesma coisa que aconteceu com esse povo escolhido aconteceu com o grupo escolhido por Jesus. Também eles fracassaram e o Servo-Filho caminhou sozinho, mas, ah!, não sozinho, pois "o Pai está comigo". E agora o Espírito de Jesus, não mais restringido pela limitação humana, mas cheio de toda plenitude e todo poder de Deus, vive em sua Igreja. Ele penetra nos recessos mais secretos do coração humano, contudo os corações humanos não permanecem menos fechados agora do que estavam antes, não estão menos amedrontados ou relutantes para receber o reino. Como, então, ele opera? Escolhendo os que podem recebê-lo e que ele pode esperar que o receberão.

Parece-me que a irmandade das carmelitas, entendida em sua essência e sua pureza, é um sonho do Espírito. Ele pretende que ela seja uma reunião de mulheres preparadas para dar tudo e ajudadas para dar tudo por meio da organização e do modo de vida verdadeiros. O Carmelo destina-se a ser de tal maneira que tudo nele seja dirigido exclusivamente a Deus — só Deus. Só Deus escrito em tudo, marcado em nossos corações: um sonho de Deus, uma vida como a de Maria. Aqui o solo é cuidadosamente cultivado, dia e noite, à espera para nutrir a preciosa semente. Aqui a terra está seca, convidando o fogo, implorando para ser envolta em chamas. Um sonho de Deus — e está em meu poder realizar esse sonho ou desapontá-lo. Quando pensamos nesse sentido — o sentido da verdade absoluta —, como é terrível qualquer impureza no Carmelo, quaisquer egoísmo, negligência, falta de zelo ou amor.

Deus não escolhe os grandes do mundo. Olhe para nós... ninguém pode nos considerar uma classe de aristocratas! Não, somos apenas representantes dos pequenos do mundo, e nossa pequenez é importante. Ele quer mostrar-nos que o reino é para todos, que as mais preciosas graças de Deus não se restringem aos bem-dotados. Cada uma de nós é um apóstolo. O que recebemos, recebemos para os outros. "Estreita a porta, apertado o caminho", mas, se corajosamente lutarmos para abrir caminho pela porta estreita, inevitavelmente puxaremos outros atrás de nós.

Que cada uma pergunte a si mesma: "Estou vivendo minha vocação ao máximo?". Espero que ninguém responda: "Sim!". Seria sinal seguro de que não está. Entretanto, à medida que os anos passam, podemos ficar enfatuadas, talvez não emocionalmente e não expressivamente, mas na verdade por vivermos como se assim estivéssemos. Somos "boas o bastante", pensamos. Mas então não lutamos para abrir caminho pela porta estreita, não nos esforçamos para entrar, nem nos esforçamos para amar. Nossos corações deveriam sempre perguntar: "O que mais, Senhor? O que mais queres de mim? O que ainda falta? Mostra-me o que impede teu amor de ter pleno alcance em mim. Mostra-me. Ajuda-me a ver essa manifestação. Ajuda-me a ouvir a resposta à pergunta: 'o que mais?'".

Em que sentido é difícil entrar pela porta estreita? Certamente não em qualquer requisito para assumir um grande fardo de regras e regulamentos, um programa de severas práticas ascéticas, uma negação de todo prazer e toda alegria de viver. Jesus não pede nada disso. Havia muita gente em seu tempo que assumia tudo isso por motivos religiosos, contudo não eram homens do reino. O que nosso Senhor pede, o que ele percebeu ser tão amargamente difícil para o coração humano, é a "conversão": aceitar dar meia-volta, desligar-se do autocontrole, do egocentrismo e da orientação própria, que é nossa condição natural, para ser controlado por Deus, centralizado em Deus, orientado por Deus. É o que ele pretende ao se tornar pequenino, um menino que sozinho é capaz de receber o reino, de conhecer os mistérios do reino. Essa transformação é obra exclusiva de Deus. Mas precisamos aceitar sua obra, precisamos deixar que sua mão divina nos segure e nos torça para nos dar uma forma verdadeira. E resistimos com toda a nossa força. Ele sabe que somente transformados assim poderemos ser verdadeiramente felizes. Nossa miséria origina-se de nosso egocentrismo. A alegria e a liberdade estão na posse de Deus. "Ah! Se pelo menos neste dia tu também compreendesses a mensagem da paz!" (Lc 19,42).

Vamos então abrir nossos corações a Deus para que seu Espírito tome posse de nós e o sonho de Deus se torne uma realidade em nossas vidas — o sonho de nossa vocação, só Deus.

capítulo quinze
Paixão constante

*Não é a força, mas a duração de grandes desejos
que nos torna grandes.*

P oucos santos são mais conhecidos que Santa Teresa. Seus livros, suas cartas, tão reveladores, são extensamente lidos. Mas talvez haja uma espécie de conhecimento apropriado para aqueles que realmente experimentam o estilo de vida que seu talento planejou. Isso não quer dizer que seja um conhecimento mais elevado, mais profundo, mas que é diferente, talvez, do que se ganha só de seus escritos. Não apenas seus livros, mas também a coisa real que se desenvolveu quando ela se dispôs a dar nova forma, nova direção à Regra de Santo Alberto seguida pela ordem Carmelita nos revelam que tipo de mulher ela era. O Carmelo que ela planejou, o filho de seu espírito, é uma espécie de réplica ou espelho não só de suas características espirituais, mas também de suas características humanas. Ela pôs toda a sua personalidade nele; ele nasceu do profundo discernimento espiritual que, por sua vez, estava unido a seus dons naturais e a seu temperamento. Assim como o historiador reconstrói uma civilização mais antiga a partir de seus descendentes atuais, na medida em que o Carmelo é vivido autenticamente, poderíamos recordar Teresa, mesmo sem seus escritos.

Um aspecto verdadeiramente maravilhoso da obra de reforma de Teresa era sua convicção. Desde o começo ela sabia o que queria. Ela não andou às apalpadelas em direção a uma visão obscura. Sua visão estava lá, clara e brilhante. Naturalmente, os detalhes precisavam ser calculados, experimentados, modificados, mudados, mas a estrutura principal, juntamente com sua motivação e sua direção interiores, estava ali desde o início. Teresa atribuía essa certeza ao próprio Deus. Em seu *Livro da vida*, ela descreveu o que aconteceu para ela empreender sua grande obra. De fato, embora durante algum tempo ela estivesse insatisfeita com o modo de vida na Encarnação, o mosteiro para o qual entrara em sua cidade natal de Ávila, parece não lhe ter passado pela cabeça realizar nada tão radical como, de fato, ela realizou.

> Certa feita, estando na companhia de uma pessoa, disseram a mim e a outras que, se quiséssemos ser monjas à maneira das Descalças, seria talvez possível fundar um mosteiro.

Era a voz da jovem radical; a Teresa de meia-idade era mais reservada:

> Eu, como o desejava, comecei a tratar disso com aquela senhora minha companheira [...] Mas eu, por outro lado, estando muito contente na casa em que estava, que me agradava muito, assim como a cela que ocupava, que muito me servia, ainda me detinha.

Então acontece o que ela estava convencida de ser intervenção divina. Foi depois da comunhão:

> Sua Majestade me ordenou expressamente que me dedicasse a esse empreendimento com todas as minhas forças, prometendo-me que o mosteiro não deixaria de ser feito e dizendo que ali seria muito bem servido.

Assim, uma ideia que ela entretinha, mas sem determinação nem certeza, tornou-se obsessão irresistível. A certeza de que Deus queria que ela fundasse um convento de observância perfeita passou a ser a fonte de suas infatigáveis determinação e energia. Essa certeza nunca desapareceu. Ela entendeu que Deus tinha um sonho e que o Carmelo, em sua perfeição, era esse sonho. O Carmelo que deveria surgir era de imensa importância para Deus; ele desempenharia um papel fundamental na Igreja. Como ela poderia hesitar? Como poderia poupar-se ou transigir?

"Com zelo tenho sido zelosa para a honra do meu Esposo..." Se procurassem uma palavra-chave para descrever Teresa, creio que seria esse zelo, essa "paixão". Uma coisa é falar de "amar"; outra é falar de paixão. Podemos dizer, por exemplo, que alguém "ama" a música ou podemos dizer que a música é sua "paixão". Paixão subentende obsessão, ardente, que consome o tempo da pessoa, sua energia, toda a sua essência. Essa, com certeza, é a consequência deste zelo. Ao aplicar isso a Teresa, temos em mente agora a mulher que ela se tornou quando se libertou de si mesma e seus apegos e foi literalmente consumida pelo amor, pela paixão. E essa paixão é a característica do Carmelo; não a paixão de uma hora, de um dia, mas de toda uma vida — uma paixão constante. Sem paixão, o Carmelo não é Carmelo, é uma coisa morta, uma existência medíocre, despojada dos melhores valores humanos. O Carmelo precisa ser tudo ou nada. Tem de ser vivido em plenitude, caso contrário é uma existência lamentável. A própria Teresa reconhece isso:

> Esta casa é outro céu na terra, se é possível existir céu na terra. Quem tiver um único prazer, o de agradar a Deus, e não se importar com seu próprio prazer, achará nossa casa muito boa; se quiser qualquer outra coisa, ela perderá tudo, pois não há nada mais para se ter.

Na obra da reforma Teresa despejou todos os seus poderes, físicos, psíquicos, espirituais, para dar ao Senhor amigos verdadeiros que fariam suas as preocupações Dele e não mais se preocupariam com eles mesmos. O que era verdade a seu respeito tornou-se a verdade de todas as escolhidas para o Carmelo:

> Ó meu Jesus! Se fosse possível descrever o grande ganho que é nos lançarmos aos braços deste Senhor e fazer um acordo com Sua Majestade para que eu cuide do meu Amado e Ele de mim; que Ele cuide de meus negócios e eu dos Dele.

As Carmelitas deviam ter o único objetivo de cumprir o ensinamento de Jesus com a maior perfeição, pois "vós sereis meus amigos se praticardes o que vos mando". Elas deviam estudar para conhecer seu ensinamento, para conhecer a vontade de Deus, a mente de Cristo. Eis a responsabilidade do ensinamento de Teresa: não como distinguir um estado místico de outro, mas como imitar Jesus, como viver com a vida dele. As almas "escolhidas" que aspiram ao Carmelo precisam estar procurando "toda perfeição". Receberam uma centelha de amor que, se alimentada, explodirá em uma chama de paixão. Teresa planejou o modo de vida a fim de que tudo convergisse para soprar essa centelha, e não há lugar no Carmelo para o que não pressione em direção à paixão.

A eficácia, o poder santificante do Carmelo está em manter em admirável equilíbrio dois elementos aparentemente contrários: o eremítico e o comunitário. Há todas as vantagens da solidão, sem seus inconvenientes; há todas as vantagens da comunidade, cuidadosamente controladas para assegurar sua total semelhança a Cristo. O entendimento que Teresa tinha de um caminho de estilo totalmente eremítico, contudo vivido em comunidade ("contudo" é enganoso; comunidade é o meio de adquirir aquele coração verdadeiramente eremítico que deve ficar a sós com Deus somente), originou-se diretamente da experiência dela.

Foi seu destino fazer a penosa subida a Deus em uma comunidade que não lhe dava apoio. Longe de ajudá-la a entregar-se a Deus, ela lhe causava embaraços, tolerando suas fraquezas. Durante vinte anos ela lutou, caindo e levantando-se, e finalmente conseguiu vencer com a decisiva determinação de deixar Deus ter tudo. Assim nasceu a paixão.

> Desejei, então, fugir dos outros e acabar por retirar-me completamente do mundo. Meu espírito estava inquieto, contudo a inquietação não era perturbadora, mas agradável. Eu sabia muito bem que vinha de Deus e que Sua Majestade dera a minha alma esse ardor para permitir-me digerir outra carne mais forte do que até então eu tinha o hábito de comer.
> Tu fortaleces e preparas minha alma, antes de mais nada, Deus de todo bem, meu Jesus, e Tu ordenas os meios pelos quais posso fazer alguma coisa por Ti, pois ninguém suporta receber como eu fiz e não pagar nada em troca [...] agora que me aproximei de Ti, agora que montei esta torre de vigia de onde as verdades podem ser vistas, poderei fazer todas as coisas desde que Tu não te afastes de mim.

Ela tinha um forte desejo de solidão, não para desfrutá-la (para ela "é muito importante que as almas, quando iniciam a prática da oração comecem por desligar-se de todo tipo de prazer, e iniciar a oração com uma única determinação, ajudar Cristo a suportar Sua Cruz"), mas como um meio de se entregar mais puramente a Deus. Ela viu que para ela viver a Regra mais perfeitamente era ajudar o mundo pelo qual Jesus morreu.

Ao partir para fundar uma casa — e mais tarde casas — onde a Regra de Santo Alberto deveria ser seguida em sua total perfeição, Teresa, livre e deliberadamente, escolheu uma clausura rígida. Não era apenas uma concessão aos tempos, à legislação do Concílio de Trento. Ela a escolheu como essencial para a vocação especial de oração à qual ela sabia ser chamada por Deus e que deveria ser a vocação de todas que a seguissem para o Carmelo. Muitos anos mais tarde, Teresita, sua sobrinha, que entrara para o Carmelo muito jovem, deu testemunho do que a própria Teresa esboçara para o irmão: "elas viverão na mais estrita clausura, nunca saindo nem vendo ninguém sem ter véus sobre o rosto...".

> Ela [Teresita] disse saber que foi a Santa Madre Teresa de Jesus quem iniciara a Ordem chamada das Carmelitas Descalças e que ela fora movida a fazê-lo pelo desejo da glória de Deus Nosso Senhor e para o bem das almas. Ela desejava tentar viver e levar outras a viver no isolamento mais rigoroso possível e manter os votos por meio da pobreza e da penitência.

Com uma leitura superficial das atividades de Teresa, das inúmeras cartas que escreveu, do grande número de pessoas que conheceu, seria fácil concluir que ela tinha um padrão de clausura para si e outro para suas monjas. Isso não é verdade. Se olharmos com cuidado, veremos como ela era determinada no isolamento. As viagens desconfortáveis ficavam ainda mais desconfortáveis — às vezes torturantes — por sua insistência em que os carros fossem cobertos para que ela e o pequeno grupo de monjas passassem o tempo como se estivessem na clausura. Nos pontos de parada no caminho, em pousadas às quais elas recorriam quando não podiam ir imediatamente para a casa de sua escolha, ela se esforçava para estabelecer algum tipo de clausura, designando uma irmã para atender à porta. Inevitavelmente, suas fundações forçavam-na a sair; inevitavelmente, era ela quem saía com mais frequência que as outras monjas; mas ela era realista; sabia que as outras perderiam com as saídas de uma forma que não aconteceria com ela, pois eram jovens e com certeza inexperientes nos caminhos do amor puro e do desapego.

Teresa poderia ter insistido nessa ênfase no isolamento também em um nível individual. Poderia ter fundado mosteiros baseados em um complexo de celas com reclusas que só se encontrassem raramente — afinal de contas isso estaria mais de acordo com a Regra primitiva que ela estava restaurando. Contudo, com espantosa liberdade, ela agiu de modo diferente e insistiu em uma forte vida comunitária. Horas de solidão, sim; mas a liturgia, as refeições e a recreação diária deviam ser realizadas em grupo. É esta última que deve nos dar uma pausa. Ela deu instruções para que suas eremitas se reunissem duas vezes por dia, a fim de conversar umas com as outras! Para entender, examinemos mais uma vez a vida de Teresa. Ela sofrera o dano espiritual que se origina de uma clausura indulgente e de uma comunidade mundana, é verdade; mas também experimentara os indispensáveis benefícios de viver com outras em comunidade. As dificuldades com as quais teve de lutar, o esforço para ser bondosa, pouco exigente, prestativa, verdadeiramente obediente e humilde na comunidade formaram sua santidade. Os fatores negativos eram só um lado da imagem: ela também fora imensamente ajudada pelos outros. A amizade desempenhara um papel essencial no desenvolvimento de sua vida espiritual: jogar isso fora seria tentar Deus. Ele a iluminara e a ajudara de inúmeras maneiras por meio de outras pessoas e ela entendera claramente que esse é o jeito normal de Deus fazer isso. Como ela escreve bem a respeito, recorrendo à própria experiência:

É aqui, minhas filhas, que o amor deve ser encontrado: não escondido nos cantos, mas no meio de ocasiões de pecado. E creiam-me, embora possamos muitas vezes fracassar e cometer pequenos lapsos, nosso ganho será incomparavelmente maior [...] A razão de eu dizer que ganhamos mais [...] é que isso nos faz perceber o que somos e de quanto nossa natureza é capaz. De fato, se as pessoas estão sempre absortas em contemplação, por mais santas que se julguem, não sabem se são pacientes e humildes e não têm meios de saber.

O que Teresa faz é controlar o ambiente para suas monjas. A vocação delas é viver na maior concentração possível, dedicar a vida toda à salvação do mundo. Para fazer isso com eficiência, suas energias psíquicas e espirituais precisam ser conservadas. A clausura assegura que isso seja feito. Elas são preservadas do incessante bombardeio de pessoas e coisas, todas exigindo uma reação. Para aquelas que têm vocação para viver "no mundo", essa é a forma de encontrarem Deus — uma vocação exigente que requer suprema vigilância, generosidade e oração. O jeito da Carmelita é diferente. Em sua vida, a ênfase está em receber Deus para que ela possa se dar a Ele, como um leito de rio vazio que recebe as águas com as quais o mundo é irrigado. Mas ela não pode ser esse leito de rio vazio, não pode estar "ali" para Deus a menos que seja "pura de coração". A solidão em si não é nada. Na solidão física não estamos mais perto de Deus que na proximidade física dos outros. Estar a sós somente com Deus significa um coração totalmente puro, entregue. E o único meio de fazer isso é pela purificação para aprender a viver com os outros, amando-os. Assim, embora esteja cuidadosamente protegido contra acasos, o ambiente contém dentro de si tudo o que é necessário para a purificação e o desenvolvimento humanos. É um mundinho próprio e surpreendentemente rico, graças à rica personalidade de Teresa.

A Carmelita logo se vê "face a face com ele". Como tudo é enxuto, reduzido a um mínimo porque não há distrações e o foco é intenso, "ocasiões de pecado", presentes no mundo, devem ser reconhecidas com mais rapidez e tratadas de maneira mais sumária. Dentro do pequeno mundo da clausura carmelita circulam todos os desejos e emoções do coração humano. Como todos os demais que querem ser verdadeiros cristãos, a carmelita tem de travar combates até a morte, lutando continuamente com seu egoísmo: com sua ambição, seu desejo de ser bem-sucedida, estimada, importante. Ela tem de aprender a viver na submissão, pois a verdadeira obediência é serviço de amor para a comunidade e drástica cirurgia para o ego egoísta. Ela tem longas horas de oração livre nas quais, exposta a Deus, suplica luz e força. Tem tempo para estar com as outras, no trabalho ou na recreação, quando surgem as oportunidades para a prática da virtude em imitação de "Sua Majestade". Não há outro meio, Teresa declara vezes sem conta. Ela sabe por experiência que não há. O que importa é o perfeito amor ao próximo, que exige total humildade e altruísmo. O amor-próprio é ferido, ou nossa mesquinhez aparece e não há fuga, pois precisamos voltar à solidão e ali aprender a aceitar o "humilde autoconhecimento". "Creio ser um favor maior se o Senhor nos envia um único dia de autoconhecimento, mesmo à custa de muitas aflições e provações, que muitos dias de oração."

Essa amante apaixonada queria que suas filhas dessem tudo de si a Deus, fossem constantemente vigilantes para que nada lhes escapasse, nenhum ato ou pensamento inútil cultivado. A paixão de Teresa nunca é indecisa, mas é sempre trazida à realidade, a expressões concretas de terno desejo, afirmando de fato: "Tu és tudo o que eu desejo".

> Nunca fales sem pensar bem no que vais dizer e sem confiá-lo sinceramente a Nosso Senhor para que não digas nada que O desagrade [...] Nunca exageres [...] Nunca afirmes nada a menos que tenhas certeza de que é verdade.

Teresa preocupava-se principalmente com a veracidade e lamentava a falta de franqueza ("A Priora é mais astuta do que convém a sua vocação ... nunca é franca comigo"), e ao próprio Gracián, dirigindo-se a ele na terceira pessoa, ela escreveu:

> Eu estava pensando se ele não é um tanto descuidado às vezes ao dizer a verdade sobre todas as coisas [...] Eu gostaria que ele fosse extremamente cuidadoso a respeito [...] Não creio que haja perfeição absoluta onde há descuido a respeito.

Tudo o que aprendera durante os anos longos e dolorosos Teresa recomendava a suas filhas, coisinhas talvez, e contudo tão importantes se queremos ser totalmente de Deus.

> Não satisfaçais vossa curiosidade falando ou fazendo perguntas a respeito de coisas que não vos dizem respeito [...] Não comais nem bebais exceto nas horas apropriadas [...] Não vos queixeis da comida [...] Fazei sempre o que os de vossa comunidade vos ordenam, se não for contrário à obediência, e respondei-lhes com humildade e brandura [...] Nunca façais nada que não faríeis à vista

de todos [...] Tomai grande cuidado com vosso exame de consciência [...] Em tudo o que fazeis e em todas as ocasiões, examinai vossa consciência e tendo visto vossas faltas esforçai-vos com a ajuda divina para corrigi-las. Seguindo este caminho, alcançareis a perfeição.

A Carmelita deve ser completamente desapegada de si mesma a fim de estar livre para amar. A menos que se esforce com todo empenho, fazendo disso a paixão de sua vida, não haverá razão para a vida enclausurada — a própria Teresa assim afirmou.

Ser uma verdadeira amiga de Jesus Cristo, compartilhar seus íntimos segredos, ser transformada nele: é o objetivo que Teresa estabeleceu para seus Carmelos. Com o corpo enclausurado, o coração da Carmelita deve ser tão grande quanto o coração de Cristo. Observamos Teresa trabalhando por um amor como esse durante a vida toda. A leitura atenta de suas cartas infunde-nos respeito, dando a impressão de um autossacrifício. Aquelas cartas maravilhosas, todas precisas, todas planejadas para o destinatário com uma delicadeza que só amor e respeito semelhantes aos de Cristo poderiam ter produzido. Ela exortou as filhas:

> Procurai, então, Irmãs, ser o mais agradável que puderdes, sem ofender a Deus, e tende as melhores relações possíveis com aqueles com quem precisais lidar para que eles gostem de falar convosco e queiram seguir vosso modo de vida e de conversa e não se assustem e fiquem desconcertados com a virtude. Isso é muito importante para as monjas: quanto mais santas elas são, mais sociáveis devem ser com suas Irmãs.

O primeiro campo para o exercício desse amor altruísta está dentro da própria comunidade. Assim, elas devem confortar-se, amparar-se e esclarecer-se mutuamente, facilitando umas às outras amar a Deus. A priora deve permitir "quando desejam falar umas às outras sobre o Esposo a fim de estimular seu amor por Ele ou confortar aquela que sofre alguma necessidade ou tentação". O Carmelo teresiano é morada feliz, atraente, mas — que não haja nenhum mal-entendido — à custa de esforço e sacrifício constantes. Se são como Teresa, então seu amor será tão suave, tão afável a ponto de parecer sem esforço e natural. Contudo, foi-lhe custoso, como deve ser para todas nós. Como ela nos diz: era-lhe provação constante "relacionar-se com pessoas de tantos temperamentos diferentes".

Esse amor dentro da comunidade deve derramar-se fora dela, abrangendo o mundo todo com suas orações, mas especificamente tocando com sua radiância os indivíduos que têm contato, de um modo ou de outro, com o mosteiro:

> Harmoniza-te com a disposição de ânimo da pessoa com que falas. Sê alegre com os que estão alegres e triste com os que estão tristes [...] Não te preocupes por ele estar contrariado: ele é sempre assim. Mantém-no o mais amigável que puderes.

Um aspecto notável da grande caridade de Teresa, revelado ingenuamente em suas cartas, é a facilidade de perdoar. Não permitia a existência de nenhum "mau sentimento" nem mesmo para com alguém que não tivesse grande afinidade com ela. Ela se dava a muito trabalho para apaziguar, suavizar e curar, e não apenas por amor à diplomacia — embora esta inegavelmente estivesse presente — mas por puro amor misericordioso. Até suas filhas a magoavam, mas ela generosamente esquecia a mágoa e continuava a demonstrar a mesma sinceridade, expondo-se e à sua fraqueza para elas. Quando pensamos em como elas eram jovens, em anos e na experiência da vida religiosa, ficamos ainda mais impressionados.

> Onde elas erram, parece-me ser porque, enquanto eu ponho muito amor e carinho em tudo o que lhes diz respeito, elas não cumprem seu dever, não me dando atenção e deixando que eu me canse em vão. Era por me sentir assim que eu ficava zangada e não queria mais saber do assunto, pensando, como disse, não estar fazendo bem algum — como na verdade é o caso. Mas tal era o amor que eu sentia, mesmo se minhas palavras de nada adiantavam, que eu não lavava em absoluto as mãos.

Pode bem ser que a náusea, a fraqueza e as dores de cabeça constantes que Teresa suportava fossem consequência direta desse envolvimento infatigável. "Muitas vezes víamos, para nossa grande aflição", escreveu uma das monjas,

> [...] que ataques elas faziam em sua força física. Embora fossem interiores, esses assaltos eram de tal tipo que deixavam muitas marcas no corpo [...] Ela me falava sobre isso diversas vezes depois de tudo terminar e dizia que sempre que via uma alma melhorando e fazendo progresso sabia que teria de pagar.

Teresa queria que suas Carmelitas se sacrificassem continuamente pelo mundo. A mais estrita clausura, contudo uma preocupação infinita.

Não deixeis vossa alma encurralada ou, em vez de adquirir santidade, desenvolvereis muitas imperfeições que o demônio plantará em vós de outras maneiras e, nesse caso, como eu disse, não fareis o bem que poderíeis fazer, nem para vós mesmas, nem para os outros.

Ela louva as prioras que tinham preocupação pela ordem como um todo, ao mesmo tempo em que repreende uma por se dedicar exclusivamente a sua própria comunidade:

Saiba que não gosto da maneira como pensa que ninguém vê as coisas como Vossa Reverência vê. Isso, como digo, é porque se preocupa apenas com sua comunidade e não com coisas que afetam muitas outras comunidades também […] É um grande erro pensar que sabe tudo e então dizer que é humilde! Vossa mercê não olha além dos limites de sua casa.

Uma existência refinada, ociosa, não era a ideia que Teresa fazia do Carmelo. Devia ser uma vida de trabalho árduo, pois suas monjas deviam professar a pobreza e os pobres precisam trabalhar para viver. Parece que Teresa tinha uma energia incrível. Ela carregava o fardo das fundações, interessando-se profundamente pelos negócios de sua família, pois não tinha escolha, e pelos negócios de muitas outras pessoas que recorriam à sua caridade. Tudo isso envolvia constante redação de cartas até as primeiras horas da manhã. Além disso, havia seus livros. Mesmo assim, ela não se eximia do trabalho remunerativo que tão energicamente impôs a suas comunidades. Tecia quando tinha um momento livre e levava consigo sua roca para o parlatório pois, afinal de contas, os dedos podem se ocupar enquanto conversamos sobre elevados assuntos espirituais! Ainda que determinado convento não precisasse da renda de seu trabalho, esperava-se que as irmãs trabalhassem do mesmo jeito e dessem para as casas mais pobres aquilo de que não precisavam. Deviam satisfazer-se com o mínimo dos verdadeiramente pobres: a comida, a roupa e a mobília mais simples. De fato, ela e suas monjas muitas vezes viam-se com frio e com fome. Teresa cerzia e remendava suas roupas para fazê-las durar o mais possível. Quando lhe enviaram um novo hábito, ela escreveu: "Estou muito grata, pois meu outro hábito estava por demais cheio de buracos para aguentar o frio". Na verdade parece que "nosso Pai" (Gracián) teve de tirá-lo dela sob obediência.

Esse desapego exterior deve ser a expressão natural de um coração desapegado. Nem a coisa menos importante pode ser nossa e "se percebe que uma irmã é apegada a alguma coisa, a Priora deve tomar todo o cuidado para tirá-lo dela, seja um livro, uma cela, ou qualquer outra coisa". O espírito evangélico de Teresa reflete-se em seu Carmelo: contentamento com pouco; generoso esforço humano; mas então nenhuma ansiedade, só perfeita confiança em Deus, que fornecerá tudo o que é necessário.

Intolerância, inflexibilidade, mesquinhez, infantilismo não devem ter lugar nestes "pombais de Nossa Senhora". Teresa queria que eles abrigassem "almas régias". "Acho naquela casa uma puerilidade intolerável", ela escreveu certa vez. Queria que suas filhas fossem mulheres maduras, embora muitas vezes descobrisse que não eram. Não tinha medo de sua rica feminilidade: percebia que era com isso que amava Nosso Senhor e que Ele positivamente o queria, e instruiu as monjas para que adquirissem essa mesma capacidade. Precisavam abandonar a infantilidade e se tornar "homens fortes". Embora detestasse a presunção, admirava a inteligência: "é grande vantagem, de todo modo, ser inteligente". Orgulhava-se das aptidões e dos dons administrativos de suas filhas — não era para haver nenhum desmazelo em suas casas quanto à arrumação, à manutenção e às contas! Ela esperava que suas prioras, embora jovens, agissem com maturidade: "nunca dês um passo sem pedir a opinião de muitas pessoas e refletir cuidadosamente nas coisas". Nem deveriam suas irmãs "pensar que podem primeiro dar uma ordem e depois revogá-la" como se fossem uma senhora volúvel e mundana lidando com suas servas.

Outros supostos santos teriam julgado apropriado prejudicar o que achavam ser uma beleza sedutora e portanto perigosa. Não Teresa. Ela sentia prazer na beleza física e em maneiras encantadoras, embora nunca, naturalmente, desse a elas uma importância indevida. Como todos atestaram, ela mesma era verdadeira ladra de corações, de imenso encanto — e bem o sabia! Não lhe ocorreu ofuscar seu brilho ou agir de maneira rude. Ao contrário, usava-o plenamente e se dava ao trabalho de agir de maneira cativante a fim de conquistar as pessoas para uma vida de bondade. Teresa dizia a suas prioras que elas deviam se esforçar para se fazerem queridas, não em benefício próprio, mas sim a fim de tornar mais fácil para as irmãs o jugo da obediência. Ela também tinha ótimo senso de humor, que transmitia a sua família religiosa ("Deus nos livre de santos de cara amarrada!"). Alguém tinha dom para entretenimento? Devia usá-lo ao máximo. Histórias engraçadas eram guardadas para divertir as que estavam doentes. Teresa logo percebia o lado cômico das situações, tinha sempre pronta uma resposta espirituosa e sutilmente corrigia faltas pregando uma peça "satírica":

> Vossa Reverência está recebendo o que queria. Deus a perdoe! Rogue a Ele para que minha vinda seja boa para vossa mercê e a faça menos apegada ao desejo de fazer as coisas do seu jeito. Não creio que isso seja possível — mas Deus pode fazer qualquer coisa.

Seu humor brotou certa ocasião de sua exasperação com Gracián, e ela lhe disse: "Para de hesitar ou provocarás minha morte!".

Dentro das limitações de seu tempo, Teresa queria que suas filhas fossem bem instruídas e tivessem contato com as melhores mentes teológicas da Espanha. Ela não era avessa a que as monjas se interessassem por eventos locais e nacionais, desde que esses eventos fossem uma ajuda à oração. Quando os *Moriscos* de Sevilha planejaram uma revolução, ela escreveu às irmãs de lá:

> Descubram as razões disso e peçam à madre subpriora para escrever e contar-nos a respeito [...] Elas [as irmãs em Segóvia] acham ótimo estar no meio de todas aquelas bandeiras e aquele alvoroço. Se puderem, aproveitem todas as notícias que recebem e delas extraiam algum ganho espiritual. Mas é mais importante ponderarem cuidadosamente como vão se comportar, ou o acharão aviltante. Almejo que vocês todas sejam muito santas.

A própria Teresa tinha admiração infantil e interesse vibrante pelo campo humano. Se possível — e ela estava preparada para pagar pelo privilégio — gostava de proporcionar à comunidade um jardim grande e paisagens adoráveis:

> Vocês acham vantagem pequena ter uma casa da qual veem as galeotas passarem? Invejamos vocês todas aqui, pois é uma grande ajuda para louvar a Deus. Asseguro-lhes que se as monjas forem privadas dessa paisagem seus louvores sofrerão.

Ela nunca representava "a santa"; suas energias e sua atenção estavam totalmente absortas alhures. De fato, é evidente que, durante a vida, suas filhas nunca pensaram em sua "velha mãe" como *santa*! Tem-se mesmo a impressão que, às vezes, achavam que ela atrapalhava, e — embora para nós seja inacreditável — jovens prioras que ansiavam por experimentar as próprias asas estavam quase sempre dispostas a condenar Teresa. Ela se expunha tão abertamente a elas, revelando facilmente os próprios fracassos, sua solidão, sua fraqueza, sua necessidade de amor. Este tipo de coisa poderia cegar os ignorantes para sua santidade: era tudo simplesmente "humano demais". "Como andei oprimida ultimamente", ela confidenciou certa vez, "mas a opressão passou quando eu soube que vocês voltaram a ficar bem". E novamente em patético lamento a Gracián por sua profunda mágoa e seu desapontamento a respeito de uma monja muito querida:

> Ela devia perceber que não sou uma cristã tão má! Em assunto tão grave, quem mora tão distante não deve falar contra quem desistiria da própria paz de espírito pelo bem e pela tranquilidade de uma única alma.

Ela expressava prontamente sua tristeza pela precipitação:

> Gostaria de não tê-las piorado para vós [as provações do destinatário]. Vossa reverência precisa perdoar-me, mas quando amo realmente alguém fico tão ansiosa que ela não se desencaminhe que me torno insuportável.

Em outro estado de espírito, ela alegremente admitiu ter apreciado uma viagem — por causa da companhia!

> Lembro-bem como ele [Gracián, naturalmente!] e eu passamos horas agradáveis na viagem de Toledo para Ávila — que também não me fez mal algum!

Essa exposição tão franca estava e está sujeita a mal-entendidos e a abusos; mas Teresa não se importava com isso. Era seu jeito de se consumir. Os visitantes dos mosteiros carmelitas de hoje continuam a se surpreender com a sensatez, a naturalidade, a jovialidade e a espontaneidade que ali encontram. É a herança que as carmelitas receberam dessa madre acolhedora e feminina.

Teresa morreu e pareceu ter partido "uma glória da terra". Contudo, não é preciso interpretar assim. Sua inspiração, sua paixão formaram uma estrutura, um modo de vida que, quando há entrega a ele, produz essa mesma coisa gloriosa: paixão continuada que arde no centro do mundo, não uma emoção, mas uma determinação sempre renovada de deixar Deus ser Deus, ter simplesmente tudo, estar unido a "Seu Filho glorioso", recebendo a plenitude do Espírito.

capítulo dezesseis
A sós exclusivamente com Ele: o entendimento criativo que Santa Teresa tinha do eremitismo

Este sempre será o propósito de nossas monjas —
estar a sós exclusivamente com Ele.
Santa Teresa d'Ávila

Não poderíamos ter uma exposição mais pura do verdadeiro eremitismo nem uma declaração mais clara da característica básica do Carmelo teresiano. Teresa restaurou um modo de vida que estava perdido, um modo de vida que tinha sua fonte na solidão, na clausura natural do Wadi-al-Siah do monte Carmelo na Palestina. Falamos do "deserto do Carmelo". "Deserto" evoca uma exposição implacável ao sol e aos elementos. O Wadi-al-Siah como tal não correspondia a essa descrição, mas, na medida em que a vida vivida ali era autenticamente eremita, envolvia na verdade essa exposição à realidade e, portanto, a Deus. Do mesmo modo, o "deserto" que Teresa criou para as monjas não se assemelhava, de modo algum, ao terreno do deserto proverbial, mas era uma solidão na qual a vida da mulher podia se desenvolver e se expandir.

As monjas de Teresa compartilham a vida cotidiana e seus recursos, dependem umas das outras para tudo. Além disso, celebram a missa e o círculo do ofício litúrgico e tomam as refeições juntas. Mas Teresa transcende o cenobitismo da Regra de Santo Alberto e ordena que todas as irmãs se reúnam duas vezes por dia para recreação, dando grande importância a isso. Poderíamos pensar que, em seu zelo reformista, ele tomasse o caminho oposto e ressaltasse os aspectos eremíticos da Regra. À primeira vista, parece mais em harmonia com seu objetivo declarado. Com toda a certeza ela fez isso na natureza radical de sua clausura. Sua Constituição revela a preocupação com esse completo afastamento da comunidade. Por meio de altos muros, grades e regras rigorosas, ela construiu um deserto na cidade, possivelmente mais protegido que o lugar de origem da ordem. Quanto à vida vivida nessa profunda solidão, sua nuança é diferente. A experiência lhe ensinou o inestimável valor dos relacionamentos pessoais. De modo significativo, não encontramos nada em seus escritos para sugerir que a introdução de períodos diários de livre intercurso era inovação, muito menos mitigação. Ao contrário, ela confiantemente afirma que as monjas viviam a Regra em toda a sua perfeição. Mas a obrigação fundamental de permanecer em solidão permanece.

> Todo o tempo não ocupado com a vida e os deveres da comunidade deve ser passado pela irmã em sua cela ou ermida designada pela priora; em suma, em um lugar onde possa estar recolhida [...] Ao afastar-se para a solidão dessa maneira, ela cumpre as ordens da Regra de que cada uma deve estar a sós. Nenhuma irmã [...] pode entrar na cela de outra sem a permissão da priora.

E também: "Que nunca haja uma sala de trabalho comum" (costume quase universal na vida monástica). O "Grande Silêncio" ordenado pela Regra permanece intato: "... o sino é tocado para o silêncio às oito horas e o silêncio é mantido até depois da prima no dia seguinte. Esse silêncio será observado com muito cuidado". A regra teresiana estrita, mas humanamente equilibrada, de silêncio durante o dia resguardou ainda mais a solidão de cada irmã. As horas de oração solitária silenciosa de manhã e à noite eram — ou destinavam-se a ser — a forma mais pura de exposição a Deus. Apesar de viver em comunidade, a carmelita passa grande parte do tempo a sós ou, se não a sós, em silêncio.

Finalmente, porém, a solidão física precisa ceder às exigências da comunidade.

> É aqui, em meio às ocasiões, e não nos recantos, que devemos submeter o amor à prova. E crede-me, mesmo que haja mais faltas e mesmo algumas pequenas quebras, o ganho que nos é propiciado é incomparavelmente maior. Vede que sempre suponho que estejais ocupadas por motivos de obediência e de caridade, porque, na ausência deles, sempre julgo melhor a solidão (Santa Teresa d'Ávila, *Fundações*, cap. 5).

E podemos acrescentar, segundo seu propósito e o propósito da Regra, esse é o lar da carmelita, que tem a séria obrigação de escolher a solidão sempre que ela não se chocar com o serviço à comunidade.

O deserto não é imagem romântica. É o lugar onde, na verdade, aprendemos a viver nossas ilusões destruídas e nossas seguranças ilusórias derrubadas. Teresa planejou seu Carmelo precisamente para possibilitar a suas monjas viver em constante exposição à Verdade e ao Amor, para estarem *ali* simplesmente para receber Deus. Esse *estar ali para Deus* é sua vocação especial na Igreja. Estar ali para Deus soa maravilhoso. Teresa pensa diferente. Ela escreve:

> [...] o estilo de vida que pretendemos ter não se limita a sermos monjas, exigindo que sejamos eremitas[...] (Santa Teresa d'Ávila, *Caminho*, cap. 13).

Isso está no contexto de seu ensinamento ascético sobre o desapego radical de todas as coisas criadas. Estar a sós exclusivamente com Ele é, no fundo, ser desapegado de si mesmo, com a mente e o coração voltados para agradar somente a Deus, o que é impossível sem esforço generoso, busca da purificação e, não esqueçamos, maturidade pessoal.

É possível alguém viver em solidão física, seguir rigorosa regra de vida, rezar, sentir grande devoção ou desolação, contudo permanecer basicamente egotista, pouco desenvolvida e emocionalmente atrofiada: a sós, não com Deus, mas consigo mesmo e suas projeções de Deus. João da Cruz insiste que simplesmente não podemos, sozinhos, despojarmo-nos de nosso egotismo. Deus tem de agir direta e indiretamente. Outras pessoas são Seus instrumentos e temos necessidade absoluta delas a fim de amadurecer emocional, intelectual e espiritualmente e aprender a amar — a maior tarefa de nossa vida. Viver em uma comunidade nos propicia oportunidades incomparáveis.

Teresa e João compartilham um profundo apreço pelos efeitos purificadores e santificadores da vida em comunidade, se vivida como deve ser vivida. Ambos primam por nos mostrar como explorar seu potencial ao máximo e, ao mesmo tempo, evitar seus perigos ocultos — Teresa, principalmente em *Caminho da perfeição*, e João em *Cautelas* e *Conselhos a um religioso*. Expormo-nos generosamente às exigências da vida em comunidade, recusarmo-nos a negligenciá-las de algum modo é nos expormos a Deus, permitindo-Lhe purificar-nos por meio dos outros, destruir nossas ilusões com humilde autoconhecimento, despojar-nos de tudo o que é egoísta e possibilitar que amemos os outros com amor puro, prudente e desinteressado. Com certeza, tudo isso é verdade para quem quer que siga Nosso Senhor atentamente, seja qual for seu modo de vida.

Todo amadurecimento e todo crescimento humanos para a união com Deus exigem uma tensão criativa entre solidão e comunidade. Entendidas em sentido verdadeiramente espiritual/cristão, não podemos ter uma sem a outra e cada uma prospera em proporção mútua. Cada um de nós precisa estar absolutamente sozinho diante de Deus, assumindo total responsabilidade por suas atitudes e suas escolhas. Ao mesmo tempo, nenhum de nós chega ao autoconhecimento e à maturidade sem os outros. Quanto mais verdadeiramente solitário e pessoal o membro, mais autêntica a comunidade — uma genuína comunhão de mente e coração: "Um como Nós [o Filho e o Pai] somos Um" (cf. Jo 17,21).

As monjas de Teresa precisam levar as mesmas generosidade e fidelidade sinceras aos dois aspectos da Regra. Não é questão de escolher estar com os outros quando querem estar e retirar-se para o silêncio e a solidão conforme der na veneta. Há um ascetismo envolvido no silêncio e na solidão, assim como na vida comunitária, e isso é verdade em especial para certos temperamentos. Submetem-se ao ascetismo da Regra seja qual for sua preferência. Muitas vezes, importunadas pelas exigências da comunidade, elas almejam escapar para a cela; e há ocasiões também, quando magoadas, perturbadas e desoladas, em que anseiam por companhia humana que as tranquilize e console. A fidelidade exige que sofram seus pequenos sofrimentos na solidão, somente sob os olhos de Deus.

Se Teresa e João nos dão instrução abundante a respeito de como viver essa tensão criativa entre os aspectos comunitários e solitários do Carmelo, Teresinha do Menino Jesus oferece um exemplo vivo de total fidelidade, e as consequências dessa fidelidade em seu amadurecimento humano, sua sabedoria e sua santidade. Entender o sentido da solidão e ser fiel a ele e, ao mesmo tempo, esquecer de si mesmo no serviço à comunidade possibilitam que o Amor divino dê vida à nossa verdadeira pessoalidade. Quando isso acontece, então estamos a sós exclusivamente com Deus.

Minha alma se há votado.

Dizer isto significa a entrega feita de si ao Amado naquela união de amor. Aí sua alma com todas as potências ficou entregue e dedicada ao serviço dele: o entendimento ocupando-se em compreender aquilo em que poderá servir ao Amado, a fim de o fazer; a vontade em amar tudo o que agrada a Deus, afeiçoando-se em todas as coisas à vontade dele; a memória com solicitude no que é do seu serviço e mais lhe agrada (São João da Cruz, *Cântico espiritual*, canção XXVIII).

capítulo dezessete
Oração carmelita

Santa Teresa e São João da Cruz escrevem extensamente sobre a oração, mas é difícil descobrir em suas páginas alguma coisa que se aproxime de um método evidente. A liberdade quanto à maneira de as pessoas rezarem é característica de Santa Teresa. Ela nos conta afetuosamente sua jornada cheia de tropeços, seus começos ardentes, as dificuldades que encontrou, os erros que cometeu e como recebeu ajuda de outros. Recordamos sua admiração pela velha monja com um único jeito de oração que era a recitação de orações vocais — ela não conhecia outro jeito — e que, apesar disso, na avaliação de Teresa, alcançara um alto estado de contemplação ("e quisera eu que minha vida se assemelhasse à dela!"). Ela dá conselhos a partir de sua experiência em como lidar com a mente inquieta e pensamentos cheios de divagações e com as ocasiões de secura e aridez; como distinguir a genuína experiência mística de estados simulados, autoinduzidos; sobre a necessidade de moderar a emoção excessiva etc. João da Cruz não é mais específico quando se trata de método. Também ele oferece diretrizes, em especial para tempos de escuridão e incerteza. Ele analisa os estados de secura e repugnância e apresenta critérios para discernir suas causas e qual deve ser a resposta apropriada da alma. Entretanto, a falta de método específico e a fluidez da abordagem de ambos têm significância própria para um entendimento do modo carmelita de oração.

Em *Caminho da perfeição*, podemos ouvir Santa Teresa em íntima conversa com uma iniciante que não tem a mínima ideia de como "começar". De maneira típica e significativa, Teresa a encaminha ao divino Companheiro que está presente e amorosamente atento a ela. Que ela responda a este Amigo; que ela pondere sobre quem ele é, o que ele tem feito por ela, como ele mostra seu amor incrível, o que ele quer dela; que ela o trate com intimidade humilde e terna. Desde o início, sem perder tempo com exercícios intelectuais, esta iniciante é orientada *a relacionar-se com uma Pessoa* e a refletir naquele que está presente. Essa contemplação é por si só uma oração. Não o *deixes* para ir pensar nele! Fazer isso seria tão tolo quanto soltar-se dos braços do amado para estudar a fotografia e o *curriculum vitae* dele! Esta forma mais objetiva de meditação é, na verdade, essencial e não deve ser omitida, mas, no entender de Teresa, a hora destinada à oração não é o momento para ela; esta hora é para amar muito, não para pensar muito. Também João da Cruz percebe que o centro da oração é *a presença de Deus dentro da alma, presença que não é passiva, mas um amor incessante e positivo que nos prepara para receber cada vez mais amor, ação que é purificadora, transformadora, unificadora.*

Essa verdade, que está no centro da fé cristã, domina o entendimento de nossos santos. Temos a imagem de castelo que Teresa deu à alma, fulgurante com o brilho de um diamante, composto de muitas moradas que circundam umas às outras. Na morada mais íntima habita o Rei, o Amado. Inicialmente, a alma não percebe seu centro, muito menos entra nele, e a oração é considerada uma viagem interior em direção ao centro. O amor transformador do Rei irradia do centro, atraindo a alma para si. A metáfora de João talvez seja menos conhecida:

> É necessário observar aqui o seguinte: o Verbo, Filho de Deus, juntamente com o Pai e o Espírito Santo, está essencial e presencialmente escondido no íntimo ser da alma. [...] Eia, pois, ó alma formosíssima entre todas as criaturas, que tanto desejas saber o lugar onde está teu Amado, a fim de o buscares e a ele te unires! Já te foi dito que és tu mesma o aposento onde ele mora, o retiro e o esconderijo em que se oculta (São João da Cruz, *Cântico espiritual*, canção I,6-7).

Este Hóspede secreto, o Amado, busca ativamente a alma, influenciando-a, atraindo-a à união com ele.

Precisamos lutar para nos apoderarmos e nos agarrarmos ao alicerce da fé: que Deus é Amor absoluto, incondicional. Quando dizemos "amor", não queremos dizer apenas uma benevolência sempre bondosa, empenhado em nosso bem, um amor que faz dádivas generosas, mas Amor Absoluto, que se dá a Si mesmo, com o único desejo de conduzir cada um de nós a uma inacreditável união com Ele mesmo e que é o propósito para o qual existimos. Se nos apegarmos a essa verdade incontestável, transpondo todos os obstáculos, manteremos a perspectiva correta. É óbvio que a oração tem muito mais a ver com o que Deus quer fazer em nós que com nossa tentativa de "alcançar" ou "perceber" ou menos ainda "entreter" Deus na oração. Essa verdade elimina a ansiedade e a preocupação quanto ao sucesso ou o não-sucesso de nossa oração, pois temos certeza de que, se queremos rezar e dedicamos tempo à oração, Deus é sempre bem-sucedido, e é isso o que importa. Não estamos do lado de fora, por assim dizer, lutando para entrar, mas em Jesus, nosso Caminho, nossa Verdade e nossa Vida, temos acesso imediato ao Coração divino. O que consideramos nossa busca por Deus é, na verdade, resposta ao Amor divino que nos atrai para si. Não há *nunca um momento em que o Amor divino não esteja em ação.* "Meu Pai continua a trabalhar até agora", diz Jesus, "por isso eu também trabalho" (Jo 5,17). Este trabalho não é outro senão a doação da Pessoa divina em amor. A consequência lógica para nós deve com certeza ser que nossa parte é *deixarmo-nos amar, deixarmo-nos dar, deixarmo-nos influenciar por este grande Deus e tornarmo-nos capazes de união total com Ele.*

Você pergunta: "Como posso começar a ter uma conversa íntima com este Amigo?" Sua pergunta revela sua percepção da íntima presença dele ou sua intenção de crer nela. Você presume haver Alguém para quem rezar. A coisa, então, é fazer todo o possível para conseguir conhecer esse Alguém. Estude os evangelhos, fazendo uso de bons comentários. Esse trabalho mental é indispensável. Faça tudo para conseguir conhecer Jesus; só você mesmo pode fazer isso. Não se contente com as interpretações banais com as quais nos familiarizamos e que aceitamos como verdade. Jesus quer que você o conheça de verdade e confie nele para ajudá-lo, se você fizer o que puder, com humildade e confiança. *Engula as palavras dele*, leve-as diretamente ao coração, viva com elas.

Mas voltemo-nos agora para o tempo que você separa de todas as outras ocupações a fim de dedicá-lo totalmente à amorosa comunhão com Deus ou com Jesus (é a mesma coisa). Quero compartilhar um método meu favorito, que tem ajudado muitas outras pessoas. É parecido com o que Santa Teresa sugeriu a sua noviça. Tome uma história dos evangelhos, digamos a do encontro de Jesus com a samaritana (Jo 4) — o evangelho de João é especialmente útil para a oração. Ali você tem uma maravilhosa troca verbal. Leia-a, recorde-a e então acredite ser a pessoa que Jesus interroga e convida a responder:

— Como posso eu, uma criatura miserável, dar-Te de beber? — você pergunta.
— Tu podes — Jesus responde. — Pedindo-me para dá-la a ti.
— Ajuda-me a conhecer quem tu és; ajuda-me a conhecer, a querer, a pagar qualquer preço por esta Dádiva!

— Não podes apreciar minha Dádiva. Mas se a pedires a mim infalivelmente a receberás.
— Senhor, ajuda-me! Oferece-me, dá-me esta água viva. Atrai-me a ti!

Essa fé tem de ser mantida, não importa qual seja nosso estado de espírito, não importa como as coisas *pareçam*. Se pensarmos nisso, perceberemos que aqui está em jogo uma pergunta implícita, mas inevitável: "Creio em Jesus Cristo e no que Ele revela de Deus, simplesmente que Deus é amor total, incondicional, que se comunica por si só?". Assim, na oração enfrentamos resolutamente uma escolha: arrisco tudo em Jesus ou prefiro confiar em minha experiência subjetiva?

Se o que está acima for verdade, então nossa *atividade* durante um período de oração pessoal consistirá em manter essa escolha de fé, empregando tudo o que nos possibilitar realizá-la. A ênfase não está em *nossa* oração, em nosso "desempenho", mas em estarmos ali, expostos a Deus, amorosamente ansiosos para receber Deus e determinados a fazê-lo, independentemente de como nos sentimos. Deus está sempre em atividade e a atividade de Deus é Deus (cf. São João da Cruz, *Ditos de luz e amor*, 29). Essa deve ser nossa fé determinada. Supondo esse entendimento e a resolução de segui-lo, não há problemas quanto à oração, nem pode haver ilusões. Ansiedades, problemas, dúvidas quanto a nossa oração só surgem quando consideramos a oração essencialmente o que *nós* fazemos por Deus; e assim, claro, o que fazemos passa a ser muito importante para nós e ficamos ansiosos para fazê-lo direito. Entendendo firmemente que esse não é o caso, mas que a oração é, mais exatamente, sempre o que Deus faz por nós, em nós, por meio de nós e que nossa parte é apenas estar ali, com a simplicidade e a humildade de uma criança, para Ele agir, ficamos sempre em paz, nunca desanimados. Podemos pensar que fracassamos o tempo todo, que "não conseguimos rezar", ou que nossa hora de oração é, talvez, um fiasco do começo ao fim. Mas podemos nos ajudar e dizer a nós mesmos que não importa: a hora foi cheia de Deus porque quisemos dar a Deus esse tempo e ali receber Dele tudo o que Ele tem para dar.

capítulo dezoito
Carmelo: um encontro perfeito com a condição humana

Parece que para muita gente, inclusive cristãos, a vida contemplativa enclausurada é uma fuga dos sofrimentos da condição humana. Tendo vivido como carmelita por mais de cinquenta anos, afirmo que, ao contrário, quando vivido de maneira autêntica, o Carmelo é o encontro mais perfeito com a experiência de ser humano. Em primeiro lugar, preciso dissipar qualquer ilusão de que monjas enclausuradas — e naturalmente falo somente com base em meu conhecimento do Carmelo — pouco ou nada conhecem das ansiedades materiais que, mais cedo ou mais tarde, perseguem a maioria das pessoas. Para começar, uma comunidade carmelita tem inteira independência econômica e conta exclusivamente com os próprios recursos. Na verdade, duvido de que neste país haja uma comunidade que não tenha, em algum momento de sua história, experimentado a verdadeira pobreza. Além disso, a comunidade carmelita não goza do *status* caritativo. Gradativamente, com o passar dos anos, por meio de dotes, legados e dádivas ocasionais, um modesto capital pode ser adquirido. Entretanto, o trabalho remunerado é questão de necessidade, para suplementar esse capital, e não é, de modo algum, apenas prescrição da Regra no que nos diz respeito. Temos de encontrar meios de ganhar dinheiro, e isso não é fácil dentro de uma clausura. Por toda a parte, indústrias são laboriosa e muitas vezes dolorosamente instituídas com toda a precariedade e toda a vulnerabilidade de pequenos negócios nos dias de hoje. Temos muito a aprender quanto à autossuficiência e saber o que é trabalhar com afinco, pois, além de obter um ganho, existem as tarefas comuns necessárias à manutenção de uma casa e de uma família grandes. E essas são obrigações que nem todas as monjas, por causa da idade ou da fraqueza, estão capacitadas a cumprir. A priora e as outras diretoras que melhor conhecem os negócios financeiros da casa e seus custos operacionais têm muitas noites insones. E com razão.

Em segundo lugar, para sua subsistência, a comunidade depende de uma constante entrada de novos membros que podem ou não estar prestes a chegar. Ela é autônoma e, normalmente, não recebe reforços de outro lugar. Vocações são assunto de Deus. A nós só cabe esperar a divina providência, nunca totalmente cegas à possibilidade de chegar a hora em que não seremos mais viáveis como um Carmelo atuante e teremos de fechar.

Mas, se a comunidade como tal não desconhece a insegurança, o mesmo acontece com a religiosa. Ela não seleciona a dedo as companheiras com quem passa a vida toda e, contudo, dedica-se a elas aceitando todas as consequências, ligada tão rigorosamente como uma pessoa casada. Se as coisas não acontece como ela quer, se surgem problemas, ela não está livre para mudar de casa, mas tem de continuar a depender deste determinado grupo para toda necessidade material e também para afeto e apoio emocional. A carmelita tem de aprender a confiar cegamente em Deus por meio da sacramentalidade de sua comunidade.

Apesar de prementes, esses assuntos mais óbvios que enfatizam nossa dependência estão longe de esgotar sua extensão. A percepção de limitação, de impotência até e de como não temos controle de nossa vida é fundamental para a experiência humana: os acontecimentos que nos surpreendem, as circunstâncias que nos cercam e até aquela parte íntima, nosso corpo. E nossa vida emocional, psíquica? Como até isso reflete de maneira inexorável nossa herança, nosso condicionamento! Fomos influenciados antes mesmo de nascer, sem compreensão, sem consentimento de nossa parte. A idade não traz uma compreensão menor, mas sim mais profunda de dependência e insegurança.

Eu gostaria de sugerir que um de nossos mais fortes impulsos e o que mais absorve nossa atenção e nossa energia é a diminuição das experiências de impotência e o aumento do controle de nossa vida. Ninguém nega que em si isso é saudável e essencial; mas apesar de todos os nossos esforços não há dúvida de que sofreremos derrota após derrota. O medo é nossa emoção mais comum e se origina da experiência de fatos imprevisíveis. De um jeito ou de outro, estamos sempre lutando para nos tranquilizar, para esconder o medo ou mantê-lo em xeque. Temos inúmeras maneiras de fazer isso: atividade incessante, iniciar discussões infrutíferas, fazer barulho e criar digressões, buscando a pessoa ou as pessoas que vão nos dar uma ilusão de segurança ou suavizar nossos sentimentos de incapacidade pessoal, para citar apenas algumas. Aplacamos nossa ansiedade interior, mas nunca nos livramos dela.

Admitindo estar esse diagnóstico basicamente correto, para discernir como, para nosso bem-estar, nossa maturidade e nosso contentamento, nossa capacidade de amar e apoiar os outros genuinamente e desempenhar um papel positivo na comunidade humana, é importante que cheguemos a um acordo com essa ansiedade interior. Na verdade, isso significa chegar a um acordo com nossa impotência fundamental, descobrindo seu sentido e usando-a criativamente.

Como cristãos, temos, por meio de Jesus Cristo, a bendita certeza de nossa inabalável segurança no amor divino. Cada um de nós é amado por Deus com um amor ilimitado, não condicionado e incondicional, que não podemos jamais destruir, nem mesmo diminuir. Nossa existência vem do amor; somos amados em nossa existência; definitivamente confirmados na morte e no outro mundo. Esse amor é independente de nossos méritos ou deméritos. Absolutamente nada pode nos separar desse amor. De fato ele é a largura, é o comprimento, é a altura e é a profundidade — não existe nada além dele, acima ou abaixo dele. Ele é Tudo: o oceano ilimitado que abrange nossa pessoa pequenina, ameaçada, frágil, contudo infinitamente preciosa. Não é mera benevolência impessoal e protetora, mas um amor que se dá, que oferece intimidade inacreditável e busca reciprocidade. Nunca podemos definir nem traçar uma linha ao redor do que Deus fará em benefício de cada um de nós. Estamos expostos ao infinito. Contra essa verdade, que importa nossa sensação de impotência? Na fé genuína — pela qual naturalmente é preciso se esforçar — e nessa entrega de nós mesmos que é fé em ação começamos a discernir que, longe de ser desgraça humana, uma coisa que não deveria existir, nossa impotência assinala um chamado ilimitado e é o outro lado de uma vocação que ultrapassa o que a mente e os sentidos percebem. Aceitá-la é concordar com nossa vocação, com nos tornarmos quem somos verdadeiramente, com sermos verdadeiramente humanos. Somos feitos para nada menos que a união com o divino. Somos chamados a compartilhar a vida de Deus. Nossa inquietação, nossos anseios insaciáveis, nosso descontentamento e nossa experiência de impotência derivam de nosso destino divino. O compromisso com essa verdade na fé destrói a ansiedade existencial. Só a fé supera o mundo e a ameaça que o mundo impõe. Não se segue que perdemos os sentimentos de ansiedade e medo — ficaríamos mais pobres por isso —, mas agora eles desempenham um papel criativo, não destrutivo. O medo incapacita, paralisa, leva-nos a negligenciar e evitar a vida. A fé nos possibilita viver com realidade, enfrentando com coragem seu desafio.

Viver eu mesma na clausura do Carmelo, aceitando sua disciplina e procurando entender seu espírito vivo (e isso, para começar, sob um regime em que os costumes, os princípios e as atitudes dos séculos passados permaneceram praticamente incontestados, até durante uma evolução no espírito do Vaticano II), deixou-me com a convicção de que o Carmelo oferece um meio extraordinariamente eficaz de experimentar a realidade de nossa humanidade. Afirmar isso é, ao mesmo tempo, afirmar ser esse um meio muito eficaz de entregar a pessoa toda a Deus. Estou tão convencida disso que estou preparada para definir o Carmelo como intensa experiência da existência humana e de sua pobreza inata, contendo dentro dele um chamamento de fé, não para evitá-la, mas para por meio dela entrar em total confiança, em um salto da pessoa para o amor divino que é a essência da união com Deus.

Não posso afirmar que o que descrevi seja universalmente aceito, que o Carmelo seja ou sempre tenha sido entendido dessa maneira. Basta nossa hagiografia para desmentir isso. Mas, para os propósitos desta análise, eu gostaria de tirar uma imagem da horticultura e dar uma interpretação do Carmelo como uma estufa. Para plantas selecionadas, a estufa oferece as condições perfeitas para o crescimento viçoso. Entretanto, também oferece as mesmas condições para ervas daninhas. Sem dúvida, dentro da comunidade carmelita não se encontra o vício descarado, e se aparecesse seria rapidamente eliminado. Mas com muita facilidade as raízes do vício passam despercebidas porque suas manifestações são em escala tão pequena a ponto de parecerem insignificantes, sendo "meramente humanas". Se forem geralmente aceitas como normais, então só um coração muito iluminado, muito bem orientado perceberá o que elas são e conseguirá revelá-las. Santa Teresa d'Ávila e São João da Cruz, com sua aguçada visão de Deus e do coração humano, têm muito a dizer a respeito dessas faltas aparentemente pequenas que têm raízes em nosso egoísmo generalizado. Eles entendiam o Carmelo como sendo precisamente um modo de vida no qual esse egoísmo é removido. Do mesmo modo, a literatura abundante relativa a Santa Teresinha do Menino Jesus, que dá uma imagem vibrante da realidade da vida dentro de seu Carmelo, mostra como ele provou ser para ela exatamente essa estufa na qual, por meio de seu entendimento intuitivo do carisma do Carmelo e de sua entrega a ele, ela fez rápido progresso em santidade. Ao mesmo tempo, uma avaliação honesta no caso de Teresinha também revela como as mesmas condições cultivaram ervas daninhas em outras. Embora fosse muito jovem, Teresinha remou corajosamente contra a corrente. Conhecia a Regra e obedecia a ela, apesar do desleixo de outras; reconhecia o mal quando o via e estava preparada para empunhar a espada mesmo quando a poderosa figura da priora estava envolvida ou, talvez mais dolorosamente, suas amadas irmãs de sangue.

Os perigos da mesquinhez e da miopia que podem se desenvolver em um pequeno grupo de mulheres dependentes umas das outras para estímulo e desafio não são os únicos que se encontram em uma "estufa". A concentração em coisas espirituais, uma tradição abençoada, o vocabulário e as maneiras herdados da comunidade, o hábito e o nome religiosos, todos incentivam a uma postura "santa". A "santidade" em questão é impressionante e seria temeridade negar-lhe toda realidade. Por padrões gerais, a pessoa pode ser genuinamente virtuosa e generosamente abnegada. Ao mesmo tempo, percebe-se certo constrangimento, a percepção um tanto complacente de ser espiritualmente interessante e bela, apesar de constantes protestos em contrário e a preocupação por uma imagem espiritual em vez de pela dádiva de si mesma a Deus e o altruísmo que isso gera. Parece que essa espiritualidade nega a natureza de nossa humanidade e as emoções em geral denominadas negativas — por exemplo, raiva, ciúme, ódio, ressentimento. Como lhe parecem sujas e pecaminosas, essas emoções são automaticamente reprimidas. Em especial, é negada à sexualidade sua realidade plena e diversificada. Uma noção errada do ideal carmelita de viver só para Deus — "a sós exclusivamente com Deus" — leva à rejeição prejudicial de valores criados e humanos. As armadilhas da clausura carmelita são os riscos inevitáveis envolvidos em um estilo de vida que, desde que seja bem entendido e organizado, oferece imensas possibilidades criativas.

A clausura total é, naturalmente, o aspecto carmelita dominante. As carmelitas saem da clausura somente quando é realmente necessário, e na prática isso significa sobretudo para receber cuidados médicos. Elas passam a vida inteira dentro de uma área definida e, em consequência, são privadas de muitos meios para o desenvolvimento da pessoa humana. É vontade de Deus que sejamos pessoas maduras, sexualmente integradas e que, em nome de Deus, não negligenciemos essa obediência básica. Portanto, precisamos garantir que nossa clausura tenha dentro dela possibilidades para o desenvolvimento humano. Afirmo que os principais meios para isso são, antes de tudo, relacionamentos calorosos e verdadeiros, intimidade e amizade genuínas. Mas, além disso, é preciso haver elementos como ampla diversidade de material de leitura para promover o desenvolvimento intelectual e emocional, um entendimento definido dos processos de crescimento psicológico e o exercício da responsabilidade pessoal. A clausura não tem o propósito de nos frustrar, mas sim de promover uma alta qualidade de vida que inclua a reflexão profunda e "sentir a experiência". A constante exposição a impressões sensoriais, emocionais e intelectuais leva à diminuição da experiência real. Entretanto, a experiência indigerida, quando acontecimentos, encontros, sentimentos e reações flutuam através de nós sem deixar rastros, não é experiência. A clausura, com formas incluídas de censura, permite-nos esquadrinhar, acumular, absorver, desse modo conservando energia para o que importa. É provável que a percepção e a sensibilidade aumentem, talvez em proporções dolorosas, e não fiquemos imunes aos sofrimentos e cuidados dos outros.

No deserto da clausura, a carmelita vive a vida com uma comunidade, e eis aí outro poderoso agente de autorrevelação como ser humano e que estimula o crescimento. Uma comunidade carmelita é cuidadosamente organizada: períodos de isolamento são incluídos na vida diária e o silêncio é a ordem do dia, embora, naturalmente, não seja absoluto. Há aquelas trocas de palavras essenciais ao trabalho e ao funcionamento harmonioso das coisas, por exemplo cuidar das necessidades e oferecer e receber apoio espiritual e emocional. Toda noite sem falta nos reunimos para uma hora de bate-papo, e damos grande importância a essa conversa amigável. Há também constante comunicação sem palavras quando fazemos a oração litúrgica, jantamos juntas ou nos encontramos em corredores, e o ideal é que essa comunicação silenciosa transmita cordialidade, cortesia afável, respeito e interesse. Entretanto, por mais alto que seja o nível de caridade genuína, a realidade de nossa individualidade torna inevitáveis alguns atritos e desentendimentos. Como a Regra não permite explicações "no mesmo instante" ou o acerto das diferenças, isso exige confiança mútua. O único recurso é levar ao isolamento nossas pequenas mágoas, nossos temores, nossa solidão e nossos sentimentos de sofrer menosprezo e talvez falta de amor e enfrentá-los com Nosso Senhor. É tendência humana quando nossa autoestima está ferida e nossa confiança abalada correr para alguém que nos dê a certeza reconfortante de que somos a pessoa agradável que pensávamos ser!

Esse excelente equilíbrio de isolamento e vida em comunidade permite que surja um sagaz autoconhecimento, e somos desafiados a confrontar áreas escuras e dolorosas dentro de nós mesmos. Não existe para onde correr, se quisermos fugir. Sentimos vivamente que somos fracos e pecadores. Naturalmente, o amor-próprio sempre encontra refúgios secretos, mesmo no Carmelo, mas as oportunidades são reduzidas. Só encontramos paz e contentamento quando aceitamos nossa indigência humana com amorável confiança em Deus. Se posso chamá-lo assim, o "sucesso" no Carmelo está precisamente em enfrentar a feia realidade de nossa natureza humana — feia só para nós mesmos e nossas orgulhosas expectativas — e em nossa tranquila aceitação dela.

Quando entramos para o Carmelo, escolhemos deliberadamente uma situação em que a impotência é acentuada. É experiência comum a postulante parecer retroceder. Até agora é provável que ela tenha demonstrado competência em sua profissão, alcançado certa posição e autoconfiança e gozado a independência de sua casa ou apartamento. Um passo pela porta da clausura e todas essas coisas são deixadas para trás, e com elas a *persona* que ela ainda não reconheceu ser uma *persona*. Naturalmente, cada pessoa é diferente e nem todas sentem o choque com tanta intensidade; mas resta o fato de mais cedo ou mais tarde todas terem de mostrar quem realmente são. É desnecessário dizer que ninguém se encarrega de fazer isso para a noviça. Pelo contrário, as superioras e a comunidade em geral são invariavelmente cheias de solicitude e compreensão por seu "transtorno" e pela dor envolvida. É a realidade do próprio estilo de vida que o efetua — e ele tem esse propósito. Pode acontecer que uma mulher aparentemente madura e capaz de apoiar e aconselhar outras veja-se agora reduzida a lágrimas por "coisas de nada", ansiando por compreensão e afeto. Não surpreende que haja a tentação de fugir, convencida de que este modo de vida é maluco e, com certeza, não é o modo de vida para ela! "Lá fora eu não era assim" é o queixume comum. As superioras insistem bondosamente que ela era sim, mas que a imaturidade e a fraqueza estavam disfarçadas: ela descobrira inúmeros meios de escondê-las de si mesma e dos outros. No Carmelo precisa enfrentá-las, o que é graça abençoada. Muita coisa depende da atitude da comunidade. Se a comunidade for composta por pessoas que vivem dentro de sua verdade e que reconhecem a ação de Deus nessas experiências, a postulante ou noviça terá toda a oportunidade de crescer gradativamente em sua realidade; não haverá nenhuma repressão prejudicial e, por meio de oração, fidelidade à Regra e afetuoso apoio das outras, ela aprenderá a viver a partir de seu próprio centro e a não ser dominada por seus medos inatos, por suas compulsões íntimas e pelas expectativas dos outros. O Carmelo sem dúvida oferece um regime árduo, mas saudável, e vezes sem conta vemos as que o adotaram achar contentamento e uma sensação de propósito como nunca conheceram antes. Em pouco tempo veem suas expectativas estranhamente mudadas: já não anseiam pelas coisas boas que antes apreciavam e desfrutavam, mas estão conscientes de terem dentro de si um dom que ultrapassa todas elas. Isso continua mesmo em meio a turbulência e aflição. Como seria de esperar, o crescimento no autoconhecimento não termina nos primeiros meses, mas continua a vida toda. Contudo, a meu ver, nunca é demais enfatizar a importância de entender esse fenômeno doloroso, de acolhê-lo e utilizá-lo ao máximo como o que, se verdadeiramente aceito, nos abre por completo ao amor divino. Em teoria isso é entendido, mas a realidade é tão feia que a tentação de se esquivar é, de certo modo, inevitavelmente forte — embora quase sempre sutil.

Não acabamos aqui com o empobrecimento e a sensação de impotência aos quais é propósito do Carmelo nos levar. Há uma dimensão mais profunda ainda e essa rodeia a própria oração. O Carmelo, dizemos, é uma vida de oração: a oração é nosso dever primordial ao qual tudo o mais se subordina e se dirige. Muitas de nós valorizamos a ilusão que se entregar a uma vida de oração será, mais cedo ou mais tarde, recompensado. Imaginamos que nos tornaremos mais espirituais, nos sentiremos melhor a respeito de nós mesmas e da vida em geral; seremos, pelo menos até certo ponto, alçadas para fora da rotina comum. Como já sugeri, essa ilusão pode ser alimentada por uma comunidade inteira e, até certo ponto, parecer realidade. Em *A face oculta*, seu estudo perceptivo de Santa Teresinha, Ida Görres demonstra como Teresinha resistiu até o dia de sua morte, com toda a sua paixão pela verdade, à tentação de "santidade" a que seu *milieu* a pressionava: importar-se com sua imagem, dizer coisas santas, edificantes, fingir. Se fossem necessárias provas dessa pressão, só teríamos de analisar a censura de seus escritos e de todos os testemunhos de sua vida, apresentados depois de sua morte pelos que julgavam entendê-la melhor. Tudo o que era "humano demais" — que não se adaptava à imagem comum de santidade — foi cuidadosamente suprimido. Só viemos a entender Teresinha plenamente, em toda a sua esplêndida humanidade e em sua gloriosa verdade, depois da morte dos veneráveis e bem-intencionados guardiães de sua imagem. Uma genuína vida de fé destrói necessariamente a ilusão. Não precisa de nenhuma. Busca a verdade com paixão.

As carmelitas não têm nenhum apostolado externo. É nossa convicção moldada pela fé que uma vida dedicada inteiramente a Deus é o apostolado mais eficiente. Alguém para quem Deus importa supremamente e que se preocupa profundamente com os outros, que vivamente se dá conta de que o amor a Deus é inseparável do amor ao próximo não acha fácil aceitar essa aparente não-contribuição. É preciso uma constante reafirmação de fé na própria vocação para resistir à tentação de compensar de alguma maneira. Poderia não ser tão difícil aceitar se a pessoa tivesse a sensação de fazer bem seu trabalho, de ser uma bem-sucedida rezadora! Isso é improvável. O que acontece se sentimos que não rezamos, que nossa oração praticamente não é oração, de tão pobre que é, tão carente de todo e qualquer retorno consolador, de todo e qualquer sentimento elevado? Com que frequência ouvimos expressarem a ansiedade: "Sinto que não faço nada por Deus. Como pessoa dedicada a uma vida de oração sou um fracasso" etc. Aqui, creio eu, é onde tocamos o próprio cerne de nossa vocação na Igreja, o ponto onde ela dá testemunho da verdade que tudo deve vir de Deus, que tudo é pura dádiva e que como seres humanos estamos ali apenas para receber o Amor, para ser "transformados" em misericórdia e amor bondosos. É dessa maneira que glorificamos o amor puro e totalmente gratuito de Deus. A menos que o coração do cristão fique assim aos pés do Amor divino, humildemente esperando, confiando, sem exigir nada, contando apenas com o que o Amor vai fazer — o Amor que se mostrou como tal em Jesus —, ele ou ela pode ser religioso, mas não verdadeiramente cristão. A carmelita é chamada a vivenciar essa vocação humana — sinônimo da vocação cristã — de modo absoluto, fazendo-se alegre receptividade para tudo o que lhe acontece, em renúncia radical a toda reivindicação espiritual, já que toda certeza vem de si mesma. Assim, isso lembra a todas nós o que é o âmago da questão. É uma vocação nada fácil. Lembro-me que, jovem religiosa, sofrendo agudamente da sensação de que como carmelita eu era um completo fracasso, sem ter nada a oferecer a Deus, aos poucos percebi ser precisamente isso que significa ser carmelita, isso é seu próprio centro. Eu devia receber e crer que recebera sem nenhuma demonstração disso. Devia aceitar não ter nada para dar, viver sempre com as mãos vazias. Minha ação de dar só poderia consistir em deixar Deus dar. Lembro-me com emoção e profunda gratidão como achei essa descoberta maravilhosamente confirmada por Teresinha em suas cartas, das quais acabara de ser publicada uma tradução em inglês. Desde então, essa descoberta aumentou até estar completa e percebo como precisamos ser cuidadosas se quisermos ser fiéis a nossa vocação, não evitar, não buscar de modo algum superar esse profundo sentimento de imperfeição espiritual, nem fingir que ele não existe. A forma de "santidade" que encantava os contemporâneos de Santa Teresinha dificilmente será nossa; mas não nos faltará o incentivo para encontrar meios e modos para, de algum jeito, tornar o estilo de vida mais interessante e nós mesmas mais satisfatórias, de "fazer melhor". Talvez nosso fascínio hoje esteja em constantes discussões a respeito, em ideias irreais de formação contínua, em um envolvimento mais óbvio nos assuntos da Igreja, em estimular a percepção mental e emocional das tristezas do mundo. Obviamente, tudo isso tem de ter um lugar apropriado; mas tudo depende da motivação, daquilo que temos esperança de alcançar por meio deles. Não devemos deixar que nada nos seja tirado, nem mesmo para aliviar nossa pobreza, nossa impotência, nosso "nada".

Não existe um ideal espiritual adorável, mas uma realidade experimentada que pode ser amada e precisa ser amada somente porque nos abre e abre o mundo ao amor purificador, transformador e beatífico de Deus.

capítulo dezenove
Vida consagrada

É privilégio de todas nós na vida religiosa termos sido chamadas na comunidade cristã para servir a essa comunidade de um modo especial, não primordialmente pelo ministério que exercemos, mas por nossa profissão pública de pertencer indubitavelmente a Deus, por nossa declaração de vida de que o amor de Deus, o cumprimento da vontade de Deus são nossa preocupação suprema e única e que Deus é digno da oferenda da totalidade de nossa vida. Isso, com certeza, é o que queremos dizer com vida consagrada: a intenção e o esforço diários de viver exclusivamente para Deus e de modo algum para nós mesmas.

Ter sido movida a fazer isso — a desejar fazer isso, por mais fraco que seja o desejo — indica inspiração divina, não meramente humana. Por si só, a natureza humana não produz esse desejo. O que tenho a dizer trata apenas do nível básico de nossa vida consagrada e, creio eu, aplica-se a todas nós, jovens, idosas ou de meia-idade; membros de uma comunidade moderna vibrante ou de uma instituição mais antiga que parece fadada a morrer; seja qual for o ministério que exerçamos.

Deve haver muitas maneiras de falar a respeito desse nível básico, mas recorro a minha tradição e a minha experiência. Este é o modo verdadeiramente místico e contemplativo. Tenho a firme convicção de que, entendido corretamente, o modo místico é idêntico ao genuíno discipulado cristão e ao que queremos dizer com fé verdadeira e vida de fé. "Deus não tem necessidade de nossas obras, mas somente de nosso amor" é uma bem conhecida máxima de Santa Teresinha do Menino Jesus, e quando entendida corretamente nos conduz a esse nível fundamental da existência cristã.

Com esse fim, escolhi três títulos: o abrangente título de FÉ e, sob ele, duas das principais maneiras em que a fé é vivida, PASSIVIDADE e EXPOSIÇÃO. Creio que esses conceitos abrangem tudo.

É minha experiência que a fé não recebe a atenção que merece. Com demasiada frequência damos como certo que temos fé e que vivemos pela fé. Sem dúvida isso é verdade de uma forma geral. Mas, para ser fé verdadeira, a fé tem de ser incessante, sempre operante, guiando a totalidade da vida, sem excluir nada: guiando nosso pensamento, nosso ponto de vista, a formação de julgamentos, nossas ações. Isso é impossível sem enorme atenção específica. Nosso modo de agir espontâneo e natural (e com pessoas religiosas passa despercebido quando parece ser inofensivo e neutro) é viver pelo que nossos sentimentos nos dizem ser a verdade das coisas. Com nossos sentimentos refiro-me a nossa percepção geral: como experimentamos e percebemos nós mesmos, os outros, os acontecimentos e, naturalmente, Deus. Temos tendência a julgar-nos (não temos?) — nossa oração, nossa vida espiritual, nosso progresso — com base no que as coisas nos parecem e simplesmente presumimos ser isso a realidade. No Carmelo, ensinamos a importância de tomar uma atitude contra essa propensão a confiar em nosso conhecimento para nos dizer a verdade a respeito da realidade. E como essa lição é difícil para muitas! Tem de ser repetida inúmeras vezes e, na verdade, tenho de ficar lembrando a mim mesma! O cristianismo baseia-se na verdade objetiva, não em percepção subjetiva, intuição, raciocínio ou seja lá o que for, coletivo ou individual. É minha experiência que esse fato decididamente básico é, na prática, muitas vezes esquecido. Nós cristãos precisamos olhar para Jesus e exclusivamente para Jesus, para obtermos nossa visão de Deus, de nós mesmos, dos outros e do mundo que nos rodeia.

Jesus é o objeto principal de nossa fé, a expressão humana plena da Divindade de Deus, daquilo que faz Deus ser Deus. E como isso é diferente das noções de Deus que a mente e o coração humanos produzem por si mesmos. Em Jesus ficamos sabendo que a REALIDADE, o MISTÉRIO no qual estamos imersos, de cuja natureza não conhecemos nada, a menos que nos seja revelado, nos ama. Não somos amados como massa coletiva, mas como indivíduos. É esse o objetivo de nossa fé. É o que significa crer em Jesus Cristo. Se verdadeiramente cremos nisso, então agarramo-nos ao fato de estarmos inteiramente a salvo e seguros nesse amor — o único absoluto da vida. Não podemos perdê-lo, não podemos fugir a seu abraço: ele está presente para nós, unido a nossa existência. Vemos em Jesus que esse amor não é mera benevolência, a vontade de nos fazer o bem, de nos cumular de coisas boas. É aquele amor absoluto que deve ser a dádiva de si mesmo. Deus dá a própria Pessoa de Deus a cada um de nós como nossa perfeita realização, nossa única realização. Não podemos imaginar esse amor, pois ele excede tudo o que a mente e o coração humanos conseguem entender; mas podemos obter leves indicações dele em nossa experiência do amor humano. Ele não é inexpressivo para nós. Jesus deu a esse Amor o nome de Pai e esforça-se para nos levar a confiar totalmente nesse Pai. É isso que significa ser seus discípulos na verdade. Fé significa viver o tempo todo por essa verdade, significa entrega constante a ela, desejo de recebê-la. E isto é a vida mística: a pessoa humana tornando-se cada vez mais receptiva ao influxo do amor divino que, quando entra, necessariamente purifica e transforma.

Essa fé é fácil? Claro que não, e Jesus sabia que não era. A carta aos Hebreus chama Jesus de nosso pioneiro na fé e mostra o próprio Jesus lutando com a obscuridade da Realidade experimentada e o mistério de Deus. "Mas quando vier o Filho do homem, encontrará a fé sobre a terra?" (Lc 18,8). Essa era sua comovente reflexão perto do fim da vida. Crer firmemente em Jesus, aceitá-lo como nosso único Caminho, nossa única Verdade, nossa única Vida, parece, às vezes, ser completamente contrário a toda a nossa experiência de realidade. Mas essa é a verdadeira fé, baseada na verdade objetiva, não no que deriva da mente e do coração humanos.

Passividade

Com passividade quero dizer a atitude da mente e do coração (atitude que não surge sozinha, mas deve ser conscientemente cultivada) que permanece sempre na extremidade receptora do relacionamento divino. Significa um entendimento prático, não apenas nocional, de que nosso Deus está incessantemente em oferta, sempre presente, à espera de ser levado para dentro e recebido. Significa a rejeição de todo impulso de ansiedade a respeito de nosso relacionamento com o amor divino como se ele tivesse de ser estabelecido, merecido, convocado para nós. Quando nós, pessoas sinceras para quem Deus realmente importa, olhamos em nosso coração, descobrimos que nossa pergunta básica é: "O que posso fazer por Deus? O que posso dar a Deus?" Há só uma resposta, a resposta de Deus: "Nada, querida! Receba com o coração alegre o que dou e que sou eu mesmo. A maior dádiva que você pode me dar é a confiança de que vive por esta verdade". É, naturalmente, o que Jesus diz quando nos fala que precisamos ter o coração de uma criança a respeito de

Deus. Imagino se levamos bastante a sério, nós, homens e mulheres adultos, a ênfase que Jesus põe em ser criança, a fim de receber o que Deus tem para dar... Significa que Deus vem plenamente só ao pequenino. Significa renunciar a todas as ideias de nossa importância espiritual, do que fazemos por Deus, do que damos a Deus, de nossas supostas bondade e virtude. Significa eliminar toda preocupação com essa imagem de nós mesmos, tão preciosa para nós, que somos de fato homens e mulheres verdadeiramente espirituais. Juliana de Norwich afirma que nesta vida não temos nenhum valor além daquele da infância. Creio que quando Jesus toma a criança em seus braços, coloca-a em sua frente como modelo, é a si mesmo que aponta. O mais íntimo de seu coração foi sempre o de uma criança, e é por isso que ele vivia com tanta liberdade, tanta coragem e tanta prodigalidade. A meu ver essa é a essência da fé verdadeiramente cristã, este entendimento de que tudo é dádiva e nosso trabalho é simplesmente receber, aprender a receber. Com certeza, quando fico "irrequieta" e ansiosa a respeito de mim mesma e de minha vida, acho minha resposta dizendo simplesmente a mim mesma: "Você é apenas uma criança!"

Precisamos entender, praticamente, que somos moldados, formados pelo amor divino como o barro nas mãos do oleiro. Precisamos desistir de tentar nos transformar em uma bela forma para Deus. A verdade de que tudo é dado, tudo é feito para nós está por trás dos sacramentos, a mais preciosa inspiração do catolicismo. Não fazemos nosso culto; não fazemos reparação; não expiamos; não estabelecemos um relacionamento com Deus, erguendo nossa escada entre o céu e a terra. Tudo isso é feito para nós e vamos recebê-lo, entramos nele e nos perdemos nele. No fundo, então, precisa haver essa atitude de passividade e, a partir dessa passividade, uma vida de amor derramado para os outros. Pense novamente em um recipiente — uma tigela. Talvez nos vejamos derramando aí nosso trabalho apostólico, nossa oração, nosso culto litúrgico e erguendo-o como nossa oferenda a Deus? Não. O significado do recipiente consiste em permanecer na fonte divina — sempre, sempre! — e em receber o que Deus dá. E temos certeza de que ele está constantemente cheio, saibamos ou não, e que seu conteúdo transborda, saibamos ou não. "Todos recebemos de sua plenitude" (Jo 1,16). Não temos nem podemos ter nenhuma plenitude própria. Nossa vocação é permanecer um recipiente vazio na fonte, e isso significa que sacrificamos o desejo de nos sentir plenos, de tentar encontrar meios de nos dar uma sensação de plenitude, de riqueza espiritual. É mais provável que essa sensação de plenitude nos diga que estamos cheias de nós mesmas!

Exposição

A fé que crê na contínua oferenda de si mesmo que Deus faz a cada um de nós confia necessariamente na realidade. De que outro jeito o amor divino vem a nós, exceto pela vida à medida que ela se manifesta? É o que quero dizer com exposição: uma confiança prática de que Deus dá a pessoa de Deus aqui e agora, nestas circunstâncias, nesta situação. Essa fé recusa subterfúgios ou negligência: recusa os meios muitas vezes sutis de manipular a vida. Como pessoas consagradas e muito especificamente como religiosas, desistimos do controle de nossas vidas. Colocaram-nos e dispuseram de nós. Não nos colocamos, já não somos senhoras de nós mesmas. Fomos entregues e pertencemos a outros, o que significa primordialmente à nossa comunidade e, de modo mais amplo, à comunidade da Igreja.

A submissão inerente aos votos religiosos e a consagração tornam-se realidade na medida em que nunca desistimos de tentar ser fiéis, almejando sempre a dádiva total. Contudo, isso pode se tornar um mito. Parece-me que, de todas as pessoas, as consagradas a Deus como nós, que entregamos o controle de nossas vidas e, em amorosa confiança à fidelidade jurada ao Amor, pusemo-nos em estado de grande dependência, temos certeza absoluta de que Deus assegura a cada uma de nós isto: que em minha situação, aqui e agora, tenho simplesmente tudo o que me leva ao Amor divino, nada me falta. Pode não parecer assim. Podemos ser tentadas a pensar: "Se ao menos...". Que seja considerado uma tentação. Vamos aprender a usar tudo, não desperdiçar nada. O verdadeiro discípulo está sempre acordado, sempre alerta para acolher o Amado. O amor divino oferece-se no "sacramento do momento presente", na frase imortal de De Caussade. A ênfase não está no que posso dar a Deus, como posso servir a Deus, mas em "O que TU queres que eu faça?", e a resposta está na frente de nosso nariz: no que precisa ser feito aqui e agora, sair da situação real em que estamos. Olhando para esse aspecto de realidade confiante como o veículo de Deus e expondo-nos a ele com o coração indefeso, talvez em nenhum lugar sejamos mais postos à prova do que em relação a nossa experiência de nós mesmos, nossas imperfeições emocionais e espirituais, nosso sentimento de imperfeição, nossa sensação de ser um fracasso espiritual — ou seja qual for a aflição. Vamos misturar tudo sob o título: aceitar ser humano e não divino, nem mesmo angelical. Quando desejamos Deus com ardor, verdadeiramente a sério, ansiosos para trabalhar pelos outros, parece que nossas vidas, nossas pessoas são tão insignificantes, patéticas, reles. Alguma coisa deve estar errada em algum lugar e começamos a tentar nos sentir melhor. Talvez procuremos o guru espiritual que tem a resposta mágica à oração, ou tentemos nos colocar no que julgamos ser uma situação melhor para amar a Deus, ou façamos planos irreais para nosso apostolado. Sem dúvida há casos em que o Espírito Santo está por trás desses movimentos, mas acho que precisamos ser muito, muito cautelosas. Com bastante frequência, o que procuramos não é um jeito de amar melhor a Deus, mas um jeito de nos sentir melhor quanto a nós mesmas, mais puras, mais fervorosas, mais espirituais. Como você pode imaginar, nós no Carmelo sabemos tudo sobre a experiência de não nos sentirmos espirituais, sentirmo-nos insignificantes, sentirmos que não estamos fazendo nada por Deus. Talvez secretamente acalentemos ou tenhamos acalentado a expectativa de que a proximidade com Deus nos faria sentir-nos maravilhosas, nos tiraria da irritante pobreza da experiência humana comum. Deus purificará esse motivo egoísta se deixarmos e se nos recusarmos a fugir de nossa realidade e da realidade em que nos encontramos.

Quero enfatizar um pouco mais a importância suprema de nos recusarmos a fugir de nossa pobreza pessoal, recusarmo-nos a ser desestimulados por ela. Com demasiada facilidade, a aversão por nós mesmos e o desânimo tornam-se perda espiritual. Creio ser da máxima importância usar tudo para amar. Afinal de contas, nossa vida é composta de "nadas!". Podemos estar de atalaia para as grandes ocasiões e deixar escapar as centenas de pequenas oportunidades em que o amor divino pede para entrar. Nada a nosso respeito está oculto dos olhos amorosos e compassivos de Deus, mas quando nos sentimos intimamente miseráveis, humilhados, tolos, até sujos, nós nos escondemos. Implicitamente supomos que Deus não está em tudo isso. Mas Deus *está* em tudo isso, para nós lixo desprezível. Perdemos muito com essa falta de confiança inocente. Por intermédio do que nos acontece, ficamos frente a frente com nossa pecaminosidade, nosso egoísmo, nossa imperfeição ou o que quer que seja. Contudo, esse momento é de Deus. É, creio eu, nas escolhas constantes, quase contínuas, que essas experiências humilhantes, autorreveladoras nos proporcionam que a verdadeira santidade e união com Deus se realiza. Tenho certeza de que Deus anseia que jamais cessemos de olhar em seus olhos compassivos. Nada é pequeno, patético ou vergonhoso demais para ser usado para o amor.

A fé vive sem proteção, exposta a Deus na experiência da realidade, na experiência de nós mesmos, na experiência da oração. Sempre encontrei inspiração e apoio no Jesus de Hebreus: Ele que foi exaltado como Filho de Deus; designado herdeiro de todas as coisas; por meio de quem o mundo foi criado; que reflete a glória de Deus e tem o próprio selo da natureza de Deus, sustentando o mundo por sua palavra de poder e a quem Deus diz: "Teu trono, ó Deus, subsiste para sempre". Este é Aquele que atravessa a fronteira para o finito e assume não a natureza angelical, mas a natureza humana em toda a sua fraqueza. Ele se torna verdadeiramente um de nós: como nós em tudo, perseguido por fraquezas, tentado de todo jeito, como nós somos. Ele não se interessa em ser angelical, mas em ser humano. Se essa é a escolha do Filho de Deus, como podemos desprezar nossa fraqueza, como podemos aspirar a ser angelicais ou divinos segundo nossas noções do divino? Jesus nos ensina a amar nossa pobreza. Jesus nos ensina a viver divinamente dentro de nossa fraqueza humana, não acima, nem independentemente dela e no meio das tentações. Embora fosse o Filho de Deus, ele aprendeu a obediência com o que ele sofreu.

A meu ver, a obediência primordial de Jesus era, como é a nossa, aceitar ser um ser humano, juntamente com tudo o que isso acarreta. Ele teve de aprender por simples experiência como uma vocação é difícil. Sabemos que ele aprendeu não pelo que fez, mas pelo que sofreu, e isso é significativo. É o único jeito. Só Deus sabe o que um ser humano é; só Deus pode criar um ser humano, e este Deus está concentrado em criá-lo. Como Jesus, nós temos de fechar os olhos, desistir dos controles, deixar Deus operar e dizer, com Jesus, nosso "Sim, sim!". É assim que cessamos de estar no controle tentando ser nosso deus, nosso criador, e aceitamos, como ele aceitou, ser humanos: dependentes por completo; sem nenhuma resposta, nenhuma realização em nós mesmos; um vazio que confia no amor infinito para se completar. Por causa de Jesus, também nós aprendemos a obedecer, aprendemos a aceitar de todo o coração a vocação dolorida, mas maravilhosa, de ser uma pessoa humana. Este "sim" de Jesus é aquela palavra todo-poderosa que sustenta o universo, levando-o para Deus. E nossa luta para dizer, para ser um "sim" constante é, creio eu, nossa maior obra para o mundo.

Finalmente, falamos sobre tentar. Só podemos fazer isso, tentar: tentar crer; tentar confiar; tentar dizer "sim". Não procuramos o sucesso para ter certeza de que realmente cremos, realmente confiamos. Entregamo-nos completamente ao amor divino. Vivemos para Deus, não para nós mesmos.

Agradecimentos
(publicações originais)

Algumas reflexões sobre a oração: Some Reflections on Prayer, *Mount Carmel* (Advento 1994).

Crescimento na oração: Growth in Prayer, *The Way*, out. 1983.

Fé, confiança, entrega a Deus: Faith, Trust, Surrender to God, *Compass* (maio 1990).

"Se conhecesses o dom de Deus...": "If you knew the gift of God...", *Priests and People*.

Oração na Trindade: Prayer in the Trinity, *Priests and People*.

Distrações na oração: Distractions in Prayer, *Bible Alive*.

O caminho da perfeição: The Way to Perfection, *The Tablet*, 16 out. 1982.

Doutor da noite escura: Doctor of the Dark Night, *The Tablet*, 14 dez. 1991.

Santa Teresinha e o Menino Jesus: St. Thèrese of Lisieux and the Holy Child, *Priests and People* (dez. 2001).

Santa Isabel da Trindade: St. Elisabeth of the Trinity, *Bible Alive*.

Carmelo, um sonho do Espírito: Carmel, a Dream of the Spirit, *Mount Carmel* (primav. 1986).

Paixão constante: Sustained Passion, *Mount Carmel*.

A sós exclusivamente com Ele: Alone with Him Alone, *Mount Carmel* (jul.-set. 1999).

Este livro foi composto nas famílias tipográficas
Meridien e Helvetica
e impresso em papel *Offset 75g/m²*

Edições Loyola

editoração impressão acabamento
rua 1822 n° 347
04216-000 são paulo sp
T 55 11 2914 1922
F 55 11 2063 4275
www.loyola.com.br